# Sobre o li

"Para ser presidente ou líder de uma empresa, o indivíduo tem que ser, antes de tudo, líder de si próprio, um objetivo que meu amigo Ricardo Diniz conseguiu com bastante afinco. Para isto, ele utilizou com muita propriedade os 3 'C's, ou seja: (1) Competência, *i.e.*, as qualidades e habilidades necessárias para atingir suas metas; (2) Condições, para fazer acontecer ou, não as havendo, criar as mesmas para que as coisas possam acontecer; e (3) — o mais importante — Coragem, para poder tomar a decisão de dar o primeiro passo e depois levar seu projeto até sua conclusão! Você que está folheando este livro, pode 'ring the bell' ou 'tocar o sino' em comemoração ao fato de que você está levando uma obra que, além de ser uma narrativa deliciosa de um homem de sucesso, vai lhe proporcionar valiosas dicas e lições de vida para chegar lá. Boa leitura!"

— Robert Wong, ex-CEO da Korn Ferry

*"I have known Ricardo Diniz most of my professional life. He is an incredible leader and senior finance executive because he is an incredible human being. A warm Brazilian smile, a great understanding of people, a quick wit and intelligence, and a strong competitive energy. If he would only let me beat him on the tennis court after so many years he would be perfect."*

— Tom Glocer, ex-CEO global da Thomson Reuters

Tradução livre: "Acompanho Ricardo Diniz ao longo de minha vida profissional. Ricardo é um líder incrível e também executivo de finanças porque ele é um ser humano incrível. Um sorriso brasileiro acolhedor, uma grande compreensão humana, uma inteligência rara e sagaz, e uma forte energia competitiva. Depois de tantos anos, se ele me permitisse ganhar dele pelo menos na quadra de tênis já seria perfeito."

# RICARDO DINIZ

# COMO CHEGAR AO TOPO NAS EMPRESAS

Consultoria editorial
HEIDI STRECKER

1ª edição

best.
business
RIO DE JANEIRO – 2017

CIP-BRASIL. CATALOGAÇÃO NA FONTE
SINDICATO NACIONAL DOS EDITORES DE LIVROS, RJ

Diniz, Ricardo

D613c    Como chegar ao topo nas empresas/ Ricardo Diniz;
consultoria editorial Heidi Strecker . – 1ª ed. – Rio de Janeiro:
Best Business, 2017.
176 p.; 14 × 21 cm.

Apêndice
ISBN: 978-85-68905-51-7

1. Administração de pessoal. 2. Desenvolvimento organizacional.
I. Strecker, Heidi. II. Título.

CDD: 658.3

17-39871                              CDU: 658.3

*Como chegar ao topo nas empresas*, de autoria de Ricardo Diniz.
Texto revisado conforme o Acordo Ortográfico da Língua Portuguesa.
Primeira edição Best Business impressa em junho de 2017.

Copyright © 2016, Ricardo Diniz.
Todos os direitos reservados. Proibida a reprodução, no todo ou em parte,
sem autorização prévia por escrito da editora, sejam quais forem os meios
empregados.

**Nota do editor**: Os fatos relatados neste livro são registros da memória do autor
Ricardo Diniz. Caso algum relato não reflita a realidade, pedimos a gentileza de
entrar em contato no telefone (21) 2132-2042 para esclarecimentos.

Design de capa: Alexandre de Mello Moreira e Mari Taboada.
Assessoria literária e edição de texto: Nanook Editorial (São Paulo).
Preparação de originais: Mônica Maia.

Direitos exclusivos de publicação em língua portuguesa para o Brasil
adquiridos pela Best Business, um selo da Editora Best Seller Ltda. Rua
Argentina 171 – 20921-380 – Rio de Janeiro, RJ – Tel.: (21) 2585-2000.

Impresso no Brasil

ISBN 978-85-68905-51-7

Seja um leitor preferencial Best Business:
Cadastre-se e receba informações sobre nossos lançamentos e nossas promoções.

Atendimento e venda direta ao leitor: sac@record.com.br ou (21) 2585-2002.
Escreva para o editor: bestbusiness@record.com.br

www.record.com.br

Dedico este livro a quem sonha em chegar ao topo da carreira nas organizações. Saiba, porém, que isso exige tempo, esforço e muita perseverança.

"Quem vence a resistência, se enobrece,
Quem pode, o que não pode, impera, e manda;
Quem faz mais do que pode, esse merece."*

*Gregório de Matos*

---

*Texto passado por minha mãe na minha juventude. (*N. do A.*)

# Sumário

**Agradecimentos** • 11

**Introdução** • 13

A lição possível de uma alma inquieta

**1. Como chegar a CEO: um sonho de menino** • 15

Primeiro desafio: Um propósito todo seu

**2. Do estágio ao futuro promissor** • 23

Segundo desafio: Há sempre um lado humano

**3. Criando uma startup** • 37

Terceiro desafio: A ciranda dos riscos

**4. O sonho cresce** • 47

Quarto desafio: A transparência é o seu escudo

**5. A força da tecnologia** • 55

Quinto desafio: O cliente é seu melhor negócio

6. **Uma grande perda e um grande revés • 59**

Sexto desafio: A mente positiva gera soluções

7. **Um mundo novo • 71**

Sétimo desafio: O mundo não para de girar

8. **Enfim, CEO • 83**

Oitavo desafio: Ultrapasse as fronteiras

9. **Cruzando a linha de chegada • 101**

Nono desafio: Seja seu próprio *headhunter*

10. **O topo da carreira: o que isso significa? • 117**

Décimo desafio: Trabalhe com prazer e viva em paz

**Apêndice 1 • 131**

50 tuítes de Ricardo Diniz

**Apêndice 2 • 137**

Programa espiritual

**O autor • 173**

# Agradecimentos

Agradeço à minha esposa, Renata, e às minhas filhas, Daniela, Marcela e Gabriela, com quem eu não poderia ser mais feliz. Minha família é meu porto seguro, razão de minha luta e resultado de meu sucesso, pois se ser feliz é ter construído uma família baseada no amor, na reciprocidade e no reconhecimento, eu posso dizer que essa é minha fortuna.

Agradeço a meus pais, irmãos e familiares que tantas alegrias têm me proporcionado, mantendo nossa união. Aos amigos e a todos aqueles com quem convivemos no dia a dia, por me fazerem uma pessoa melhor a cada oportunidade, seja ela de estresse ou de prazer, pois sempre estou revendo onde errei para poder consertar e onde acertei para poder melhorar.

Agradeço aos amigos de vida, meus colegas de fórum do YPO e que me ajudam muito: Antonio Maciel, Geraldo Rocha Azevedo, Giorgio Nicoli, Luis Roberto Demarco, Marcelo Carvalho, Olavo Setúbal Júnior, Roberto Tellechea, Rogério Marins, Silvio Eid.

Agradeço a Heidi Strecker, consultora editorial e revisora cuidadosa.

Agradeço a FAS Advogados (Paulo Focaccia e Fernando Salvia) pela assessoria na área jurídica.

Meu agradecimento final ao amigo George Legmann, que foi meu padrinho na aproximação com o Grupo Editorial Record.

# Introdução

## A lição possível de uma alma inquieta

Quando pensei em escrever este livro, logo procurei determinar sua utilidade. Afinal, não existe um bom projeto sem um bom propósito. Acredite, caro leitor, não coloquei estas ideias no papel com o objetivo de ganhar notoriedade ou benefício financeiro. Desde o primeiro momento desejei dar meu testemunho de vida com exemplos concretos de minhas áreas de atuação: empreendedorismo, gestão, tecnologia, investimento, comunicação e a importância do networking. Comecei a vida profissional como estagiário, trabalhei em bancos de investimento, atuei como empreendedor e sócio-fundador de uma empresa de teleinformática pioneira, fui diretor da agência de notícias de um dos maiores conglomerados de comunicação do país até me tornar o mais jovem presidente de uma multinacional no Brasil.

Acredito que minha trajetória profissional possa servir como um guia do caminho das pedras para inúmeros jovens (e veteranos também) dispostos a experimentar, inovar e engendrar um futuro melhor.

Quando criança, eu usava o lápis para expor minhas ideias acerca do mundo, numa época em que os escritos

14 | RICARDO DINIZ

escolares se chamavam "composições". Muito jovem, passei a batucar nas teclas das máquinas de escrever. Algum tempo depois, já digitava comandos nos agora jurássicos computadores, aqueles com monitores de fósforo verde ou âmbar, na era Steve Jobs, pré-interface gráfica.

Ao trabalhar com a oferta de notícias e dados, especialmente para o mercado financeiro, pude acompanhar e vivenciar cada avanço nessa área. Foi muito bom ver imagens e cores nas telas antes tão áridas e desinteressantes. Vi a web nascer, nos anos 1990, e fiz testes com o e-mail. Surfei na onda da internet chegando às redes sociais e aos mais recentes sistemas instantâneos de mensagens, hoje estendidos aos tablets e aos smartphones.

Eu não tratava apenas de tecnologia nessas incursões, mas de fatos da vida. Acredito que orientei com meu time boas aplicações no mercado financeiro por meio de computadores. Nas empresas em que trabalhei, as metas eram antecipar tendências e identificar negócios e oportunidades sempre.

Desenvolvi ferramentas de suporte à tomada de decisões do mercado financeiro. Construí bancos de dados, gráficos em tempo real e modelos matemáticos para operações de mercado de renda variável e de derivativos. Tudo isso só foi possível graças à qualidade técnica com que trabalhei. Também liderei equipes, convivi com inúmeros profissionais, exigi, cobrei e elogiei. Usei tempo e disposição para conhecer clientes, colaboradores e sócios. Procurei sempre descobrir o ser humano por trás de cada profissional.

Continuo acreditando que trabalhar duro, com foco, e ascender na carreira pode significar também trabalhar com prazer e cuidar da nossa alma. Espero que este livro possa lhe trazer inspiração.

# 1. Como chegar a CEO: um sonho de menino

Muitas crianças ouvem a famosa pergunta: *o que você quer ser quando crescer?* Pensando bem, foi isso o que eu sempre quis ser: CEO. A ideia não surgiu de repente, da noite para o dia, é claro, mas foi sedimentando-se, pouco a pouco, na minha mente de menino. Até que um dia tive um estalo:

— Um dia eu vou ser conhecido! Não vou ser mais um no meio da multidão!

Não me entenda mal, caro leitor. Não era bem fama que eu buscava. Em meu sonho de criança, eu pensava em fazer algo relevante, original, que mostrasse minha utilidade no mundo. Se Deus havia me colocado aqui, ele tinha um propósito.

Mas qual seria esse propósito? Eu não conhecia, obviamente, o funcionamento das grandes empresas. Nem sabia que tinham um presidente. A princípio, sonhava em ser um famoso jogador de futebol. De calção, participava de peladas na rua, com os moleques do meu bairro. Era uma possibilidade. Mas também pensava em ser como Ringo Starr, dos Beatles, como tinha visto no filme *Yellow Submarine*. Às vezes colocava o anel como o do Ringo no dedo mínimo e fingia que tocava bateria.

Nasci em 1958, mesmo ano em que nasceram Michael Jackson, Madonna e Prince, no dia 12 de maio. Não sou inclinado a acreditar em astrologia, mas informo que sou taurino, determinado, constante, leal e apreciador das artes. No horóscopo chinês, sou do signo cachorro.

Como muitos brasileiros, descendo de imigrantes: portugueses e italianos. Meu pai nasceu em Santos e depois se mudou para São Paulo. Estudou na Escola Politécnica da USP, formou-se em Engenharia Civil e tornou-se um profissional respeitado, sempre metódico e criterioso.

Conheceu minha mãe durante um fim de semana em uma fazenda, ainda muito jovem, por intermédio de amigos em comum. O namoro não demorou para engatar e eles se casaram alguns anos depois. Minha mãe sempre foi uma mulher elegante e cheia de vida. Os dois tiveram quatro filhos, eu sou o terceiro. Proporcionaram aos filhos segurança, valores e sobretudo educação religiosa de qualidade.

Na época, a educação infantil chamava-se Jardim de Infância. Tive as primeiras aulas na escola do tradicional Club Athletico Paulistano e cursei os primeiros anos do ensino fundamental no Externato Nossa Senhora de Lourdes, de orientação católica. Depois ingressei no Colégio Santo Américo, no Morumbi.

Ao lado da escola havia um trecho de mata atlântica nativa. Relembro os detalhes das excursões das quartas-feiras. Havia insetos de todos os tipos, árvores centenárias e até algumas variedades de cobras que passavam nas trilhas escuras e úmidas aqui e acolá. Na escola pratiquei muito esporte e adorava jogar futebol. Não longe dali, poucos anos antes erguera-se o estádio do São Paulo Futebol Clube, que adotei como time do coração, até hoje motivo de muito orgulho.

Na época do ensino médio, me transferi para o Colégio Rio Branco, tido como uma instituição rígida e exigente. Finalmente, precisei enfrentar o vestibular. Eu seria um engenheiro, como meu pai? Estudaria o bastante para ingressar na Escola Politécnica da USP, onde ele estudou?

## Um dia que mudou uma vida

Não foi assim que aconteceu. Sempre fui fanático por futebol, mas aos 14 anos, em minhas viagens ao litoral, descobri outro esporte, o esqui aquático. Por anos, desde então, meu instrutor foi um amigo de mesma idade, Jorge Dias de Oliva Neto. Jorge era um rapaz admirável, muito querido pela família e pelos amigos. Tínhamos 18 anos quando resolvemos passar duas semanas na praia, em Ubatuba, durante as férias de julho.

Passeávamos de carro pela cidade quando um caminhão na contramão interrompeu nosso caminho de modo desastroso. Jorge e seu irmão foram vítimas fatais do acidente. Como eu ocupava o banco traseiro, fui poupado. Emergi quase ileso dos ferros retorcidos. Tive apenas um corte na cabeça, que me rendeu alguns pontos e uma cicatriz quase imperceptível.

18 | RICARDO DINIZ

Entretanto, não há quem se recupere facilmente de uma desgraça dessa natureza. Podíamos ter feito algo diferente? Podíamos ter alterado o roteiro e evitado aquela rua? Será que algo nos tirou a atenção no momento fatal? São perguntas que ficarão para sempre na minha memória.

Por alguns meses, fiquei desorientado, talvez perplexo, talvez revoltado, questionando os motivos da vida e as razões da morte. O acidente também lançou dúvidas sobre a minha escolha profissional. Até então, eu pensava em estudar com afinco para assegurar uma vaga na Escola Politécnica, seguindo os passos de meu pai. O próprio sentenciou, numa conversa franca:

— A vida quis que o seu amigo partisse. Mas a sua vida depende de você. É preciso continuar, meu filho. Vamos respeitar o seu luto, mas você deve encontrar o seu caminho. Deve seguir em frente.

Essas palavras me levaram a uma reformulação de planos. Resolvi estudar Administração de Empresas. Prestei vestibular para a Faculdade Armando Álvares Penteado (FAAP) e, em 1977, iniciei meus estudos na instituição.

Meu pai, porém, não desistiu de propagandear as virtudes de seu próprio ofício. Vivia sugerindo que eu ao menos experimentasse o curso de Engenharia. De tanto ouvi-lo, acabei convencido de que valia a pena testar a ideia. Encarei novamente os vestibulares e fui aprovado na própria FAAP, no Mackenzie e no Instituto Mauá de Tecnologia.

Em 1979, matriculei-me no curso de engenharia civil da Universidade Mackenzie, na rua Maria Antônia, não tão distante da FAAP. Frequentei as aulas por dois anos e fui aprovado em todas as matérias. Aos poucos, no entanto, percebi que não tinha vocação para aquela atividade. Sinceramente, não me via visitando obras, de capacete, com o pé sujo de lama, escalando andaimes de prédios.

Resolvi, então, retomar o curso de Administração, para desgosto de meus colegas de Engenharia, chateados por perderem um amigo e futuro parceiro de trabalho.

Nesse retorno à faculdade de Administração de Empresas, optei pelo turno da noite. Para ser sincero, estava louco para começar a trabalhar.

**Ter sorte é estar aberto às oportunidades. É saber para onde dirigir o olhar.**

Se uma porta está fechada, procure outra entreaberta. As crianças agem assim, estão sempre em movimento, tentando realizar algo com os recursos de que dispõem. São positivas, querem brincar, buscam um jeito de conseguir o que desejam. Siga esse exemplo. Encontre algo com que você verdadeiramente se identifique, que represente um diferencial em sua vida.

### A vida não é uma linha reta

Quando prestei vestibular, tinha dúvidas sobre qual carreira seguir. Em determinado momento, decidi que seria engenheiro, mesmo sem nunca ter me imaginado desenhando plantas, calculando e construindo. Aliás, desenho não era o meu forte. Sempre fui primário quanto

20 | RICARDO DINIZ

a expressar algo com traços no papel, fosse uma paisagem ou uma simples casinha.

Gostava da área de humanas. Tinha talento para me relacionar com as pessoas, gostava de artes, de comunicação. Tinha muita energia. Criatividade, na engenharia, não existia. Mas precisei cursar os primeiros anos para descobrir que aquele não era o meu caminho. Precisei pegar o caminho errado para voltar e tomar o rumo certo.

O que eu queria mesmo era ser um homem de negócios e assim buscar minha realização.

## O medo da mudança

Muita gente tem medo de mudar. Acredita que mudar equivale a perder tempo e energia. Poderíamos observar, por exemplo, um rapaz que vai para a universidade com a cara amarrada. Ele cursa o penúltimo ano de Ciência da Computação, mas gostaria de passar sua vida desenhando histórias em quadrinhos bem-humoradas. Ele não muda porque considera que assim desperdiçaria três anos de sua vida.

Interessante é que essas pessoas mantêm o foco nos três anos passados, mas desconsideram os sessenta anos vindouros. Não seria muito melhor dedicar as décadas seguintes a uma atividade realmente agradável?

Mudanças exigem discernimento e coragem. Ao darmos uma guinada, recuperamos o ânimo e canalizamos a energia para atividades realmente produtivas. Porque quando gostamos de determinado trabalho, não sentimos o tempo passar. Não olhamos para o relógio esperando a hora de ir embora. A ocupação profissional se funde com nosso ideal de prazer. Cumprimos a obrigação sem sentir peso.

Podemos detectar esse fenômeno nas funções mais simples. Na padaria ou na loja de materiais de construção, há sempre aquele funcionário que é rápido, atento e sorridente. Ele gosta do que faz. Adora lidar com pessoas. Vez ou outra, no entanto, nos deparamos com um profissional que faz tudo de cara amarrada. É lento e se atrapalha na hora de registrar os preços dos produtos. Em geral, não faz isso porque é má pessoa, mas porque está no lugar errado, em uma função incompatível com seus desejos e aptidões.

Para balizar sua escolha profissional, um jovem pode recorrer a sites especializados, filmes, documentários e livros. Pode assistir a palestras e participar de debates. Caso seu interesse seja se tornar um arquiteto, por exemplo, nada melhor do que passar alguns dias como observador ou colaborador num escritório da área. Se pretende atuar no campo de produção industrial, nada melhor que conhecer um chão de fábrica.

---

### Primeiro desafio: Um propósito todo seu

Costumo dizer que tudo tem um propósito. Seria muito estranho se toda a obra magnífica da natureza existisse por acaso, sem finalidade. Se pensamos, agimos e transformamos, é porque fazemos parte de um plano maior do cosmo. A consciência dessa missão é fundamental para se alcançar sucesso e realização.

Quando temos em mente um propósito, nosso subconsciente nos auxilia a tirar proveito das oportunidades. Tornamo-nos mais atentos e receptivos e percebemos claramente os sinais que apontam nosso destino. Muitas pessoas extremamente cultas e plenas de conhecimento acabam perdidas porque não deixam a intuição funcionar.

A intuição não é algo de outro mundo. Ela é, na verdade, uma síntese de reconhecimento. Captamos, mesmo inconscientemente, inúmeras informações sobre a realidade. Em determinado momento, o cérebro decodifica esses dados e nos oferece uma ideia, um conceito, uma resposta.

Ao longo da vida, percebi que tinha capacidade de me relacionar e de me comunicar. Descobri também que não seria um bom engenheiro, como queria meu pai. Enxerguei então que eu tinha um propósito, assumi aquilo que desejava ser. Com isso, fui buscar os meus objetivos. **Posso dizer que ter um propósito é escolher o próprio caminho. Frequentemente uma escolha de vida se sustenta no desejo e na inspiração, e não na lógica ou na razão.** E, não raro, uma decisão importante somente é tomada por eliminação, ou seja, depois que investigamos e descartamos outras possibilidades. **Por isso, vale a frase: "Escute sempre o seu coração e sua mente e valorize sua intuição."**

# 2. Do estágio ao futuro promissor

Meu primeiro trabalho, como estagiário, foi na metalúrgica do tradicional Liceu de Artes e Ofícios (LAO), na Lapa, em São Paulo, onde eram produzidos hidrômetros. Fui encarregado de realizar um inventário sobre o ativo fixo da instituição, ou seja, devia determinar os bens e os direitos da empresa que não sofriam movimentação constante. Na prática, isso consistia em subir e descer escadas o dia inteiro, indo de departamento em departamento, a fim de elaborar uma lista de tudo o que havia no prédio. Confesso que, a princípio, não valorizei tanto essa incumbência. Pareceu-me algo temporário, sem grande importância. No fundo, sentia-me um privilegiado, alguém especial por ter frequentado excelentes escolas. No entanto, em certo momento percebi que as pessoas não seriam capazes de perceber meus talentos e saberes. Para aqueles dali, eu era definitivamente o estagiário.

## 24 | RICARDO DINIZ

Assim, de uma hora para outra, decidi que precisava provar minha competência e minha versatilidade. Sem qualquer preconceito, realizei uma imersão no mundo industrial. Procurei compreender o cotidiano dos funcionários, fossem os diretores ou os operários. Aos sábados, ia jogar futebol com o pessoal da fábrica.

Aos poucos, comecei a entender a dinâmica de vida do torneiro mecânico, do soldador, da copeira. Compreendi que aquele sujeito quieto e compenetrado tinha uma rotina áspera, dura. Saía de casa às 3 horas da manhã. Espremia-se no trem, depois virava sardinha enlatada no ônibus. Muita gente percorria enormes distâncias, pois morava em Perus, Itaquera e outros bairros da cidade de São Paulo que eu ainda nem conhecia.

Eram as pessoas anônimas que produziam as coisas consumidas pela sociedade. Sem elas, não haveria chuveiros, panelas, calotas de carro ou placas de trânsito. Nem sempre eu conseguia decodificar a linguagem delas. Descobri também que faziam enormes sacrifícios. Tinham o dinheiro contado para a comida e a condução. Economizavam o impossível para garantir aos filhos a merenda e o material escolar.

Logo, ganhei o apelido de Coca-Cola. Por quê? Porque era conhecido de todo mundo. Para realizar meu trabalho, precisava percorrer cada pavimento, dialogar com cada profissional, fosse ele faxineiro, office-boy, secretário, contador, engenheiro ou diretor.

Com certeza, desse modo desenvolvi a capacidade de me relacionar de maneira harmônica e respeitosa com outros seres humanos. Aprendi a respeitar e valorizar cada pessoa e cada ocupação. Muitas pessoas simples me ofereceram exemplos incríveis de capacidade, esforço e perseverança.

Para ser fiel aos fatos, também encontrei indivíduos pouco comprometidos com o trabalho. Consumiam o tempo em "enrolações", reclamavam de tudo e de todos. A sirene que marcava o fim do expediente soava às 17h18. Antes das 17h, no entanto, alguns espertinhos já haviam encerrado suas atividades. Paravam no cafezinho, fingindo tratar de algum assunto importante com o colega da outra seção, exatamente diante do relógio de ponto.

Por coincidência, essa turma comandava a politicagem. Jamais assumia responsabilidades ou compromissos. A culpa era sempre dos outros. Com o tempo, percebi que estes permaneciam estagnados, ao desperdiçar o tempo com lamúrias e intrigas. Graças a esse estágio, aprendi também a desviar das rodinhas de corredor, especializadas em disseminar boatos.

Essa experiência espetacular durou um ano. Percebi que não era aquilo que queria da vida. Um dia, encontrei uma "mosca azul" no horizonte profissional. Tratava-se de uma vaga numa pequena corretora de commodities. Agarrei essa chance e comecei, finalmente, a abrir caminho em linha reta rumo à minha realização profissional.

## A vida numa corretora de mercadorias

Fiquei encantado com meus primeiros dias numa corretora de commodities instalada no bairro da Lapa, também em São Paulo.

Chamava-se Remate. Os corretores operavam as cotações futuras de mercados de soja, milho, gado. As cotações das mercadorias oscilavam com frequência, e pequenas oscilações podiam acarretar grandes lucros ou grandes prejuízos para os proprietários: fazendeiros, empresários de grande porte, investidores. Era um mercado novo e nem todos entendiam os meandros do sobe-e-desce das cotações e os mecanismos da bolsa. Tudo acontecia numa velocidade surpreendente. Isso envolvia um aspecto humano: conversar diretamente com os clientes.

Para nós, corretores, era um tal de operar por telefone, de negociar e ganhar dinheiro. Tudo muito rápido. Já havia corretores ganhando quantias consideráveis, comprando carros, viajando. Ainda muito jovens, alguns já tinham rendimentos expressivos, frequentavam restaurantes badalados e clubes da moda. Eu costumava ficar na corretora, pois precisava dominar o mecanismo, batalhar e seguir para a faculdade depois do expediente.

Logo percebi que os clientes ganhavam muito, mas também perdiam muito, rapidamente. Em pouco tempo, descobri que todo aquele glamour acabava quando as apostas não surtiam o efeito desejado. Muitos que tinham construído um patrimônio sólido viam a geração dos filhos queimar altas quantias ao investir em commodities.

Nesse meio, a pulverização de capital era rápida. Era brutal. E esse trauma obviamente se refletia na relação entre investidores e corretores.

Clientes que perdiam muito dinheiro ligavam, furiosos. Alguns expunham descontentamento; outros, revolta.

Depois de um ano, percebi que esse não seria o meu negócio. Identifiquei, com nitidez, o que eu não queria da vida. Não me agradava conquistar a confiança de alguém e perdê-la de uma hora para outra. Isso não combinava comigo.

Relembrava os eventos do dia a caminho de casa, e costumava dizer para mim mesmo: quero trabalhar num lugar onde possa estabelecer relações de longo prazo.

Naquele tempo, as negociações no mercado de futuros ainda tinham uma conotação equivocada de jogo. O sonho de alguns investidores era ganhar muito, rapidamente. E quem apostava demais estava sujeito a sofrer perdas pesadas. Ninguém usava ainda o *hedge*. Para quem é leigo no assunto, aí vai a explicação: *hedge* é uma espécie de proteção, é uma operação que busca proteger o valor de um ativo contra sua possível redução numa data futura.

## Nos bastidores de um grande banco

Saí da corretora e fui trabalhar no Banco do Comércio e da Indústria de São Paulo S.A., mais conhecido como Comind, criado em 1889 pelos barões do café. A sede era em um prédio lindo, espetacular, o mesmo onde a Bovespa passou a funcionar depois. Henrique Pereira Gomes, diretor do Liceu de Artes e Ofícios, me levou para aquela instituição.

Comecei a trabalhar no *open market* como estagiário, mais especificamente na área de *backoffice* do banco: a área responsável por liquidação, compensação, registro e custódia de todas as operações financeiras.

Procurei aprender tudo o que podia sobre o ofício. Confesso que, em determinado momento, por ser ambicioso, não via largos horizontes à minha frente numa instituição grande como aquela. Com 22 anos de idade, considerava muito longo o caminho de crescimento.

Nessa época, eu tinha um amigo de faculdade que trabalhava numa instituição pequena, o banco de investimento francês CréditCommercial de France (CCF), associado ao Valbrás, banco comercial do empresário Mathias Machline, fundador do Grupo Sharp. Soube da abertura de uma vaga na área comercial e considerei que poderia me candidatar.

No entanto, eu era ainda muito jovem, e eles buscavam um profissional experiente. Se admitido, eu teria de me virar como vendedor. Então, tomei coragem, fui até o departamento de Recursos Humanos da empresa e expus minha pretensão abertamente.

— Olha, eu não quero ganhar dinheiro neste momento, só quero a oportunidade de trabalhar. Tenho certeza de que vocês não vão se arrepender. Tenho ótima formação, garra e disposição para crescer.

## O papel da coragem e da ousadia

Depois de uma semana, ligaram para minha casa e informaram que o diretor comercial do banco realmente procurava alguém com mais experiência. Não desisti e continuei a fazer minha propaganda, assegurando que seria um bom investimento para a empresa. Alguns dias depois, o diretor de Recursos Humanos, Francisco Miguel, me telefonou e verbalizou a boa nova:

— Olha, Ricardo, eu comprei você! Mas será muito ruim para sua carreira caso o seu talento não seja comprovado.

## Caindo de paraquedas

Como estagiário, caí de paraquedas. Não tive orientação alguma. Senti-me abandonado. Não sabia bem aonde ir nem o que fazer. Não me deram sequer uma diretriz. Nem mesmo uma sessão de treinamento básico.

Muitos jovens profissionais relatam essa mesma experiência e sensação de desamparo nos primeiros dias de trabalho.

O banco era pequeno, mas tinha tudo. Era banco comercial, de investimento, corretora, leasing e seguradora. Então, resolvi conhecê-lo em detalhes. Seguia para a corretora e via como trabalhavam. Depois, rumava para o setor de crédito e procurava aprender como funcionava o fluxo de empréstimo de dinheiro. Enfim, posso dizer

## RICARDO DINIZ

que fui me ocupando sozinho. Por conta do *background* do Liceu de Artes e Ofícios, estabeleci laços amistosos com pessoas de todas as áreas e graus hierárquicos. Cada um me ensinava um pouco sobre seu ofício.

**Arte de se virar ou capacidade de aprender?**

Meu grande *asset* (*trunfo*, no nosso jargão) era justamente a capacidade de aprender por meio da construção de relações, sempre respeitando e valorizando as pessoas. Eu tinha ainda outra qualidade. A formação nos bons colégios, dois anos de Engenharia e dois semestres de Matemática Financeira na FAAP (gostei tanto que pedi para frequentar o semestre anterior somente para adquirir maior *expertise* no assunto) me tornaram bom em contas. Assim, me credenciei a ter aulas informais de cálculo financeiro com um craque chamado Alexandre Lodygensky Júnior, companheiro de banco.

Um dia, percebi que o banco buscava colocar dinheiro no mercado. Tinha captado altas somas e precisava emprestar. Com essa informação, imediatamente, como é característico de minha personalidade, fui direto ao cliente-*target* (ou seja, ao *alvo*): o grupo Votorantim. A sede ficava num belo prédio atrás do Teatro Municipal, no centro de São Paulo. Por encomenda da família Crespi, a imponente construção foi projetada pelos arquitetos franceses Emile Viret e Gabriel Marmorat, os mesmos que haviam concebido o Copacabana Palace.

COMO CHEGAR AO TOPO NAS EMPRESAS | 31

Deixando a timidez de lado, falei diretamente com Clovis Scripilliti, então responsável pela Indústrias Brasileiras de Artigos Refratários (Ibar). Ele imediatamente me colocou em contato com o diretor financeiro da empresa, chamado Bulhões. Foi quando assumi um grande risco. O banco pedia, para emprestar, correção monetária, mais 22% ao ano, e o grupo só pagava correção, mais 21%. (*Old times!* Imagine só essa taxa de juros, mais a inflação, para dar uma ideia de quanto era caro tomar empréstimos!)

**Ousadia exige conhecimento**

Como tinha bons conhecimentos de matemática financeira, cheguei à conclusão de que poderia baixar a taxa do empréstimo, caso recolhessem conosco alguns tributos federais, como o Imposto sobre Produtos Industrializados (IPI) e Imposto de Renda (IR). Os valores recebidos de empresas consolidadas garantiam boa rentabilidade ao banco, pois o custo diário de remuneração era alto para quem aplicava dinheiro — na época o termo técnico era *overnight*. Essa combinação possibilitava a fixação de juros mais baixos.

Na hora do almoço, informei o diretor financeiro do CCF sobre isso. Confesso que estava morrendo de medo. Podia ser repreendido por ter fechado na taxa solicitada pela empresa. No entanto, precisei decidir na hora, pois não conseguiria contatar meu chefe naquele momento (ainda não existia celular) e era uma tomada de decisão

## 32 | RICARDO DINIZ

que, se adiada, levaria o banco a perder o negócio. Mostrei que a manobra com o repasse dos impostos justificava a fórmula de cálculo. Depois de um momento de reflexão e silêncio, ele me parabenizou pela transação. Depois do estresse, veio o momento de celebração. Celebrar é a arte de dar vida a suas conquistas.

Por conta dessa pequena façanha, fiquei conhecido no banco. Foi o caminho para eu começar a abrir outras grandes contas. Estabeleci negócios, por exemplo, com um grande varejista do Rio de Janeiro — o Ponto Frio Bonzão. Fui até lá oferecer um empréstimo e eles acabaram revelando que desejavam comprar um lote de televisores. Logo me acendeu uma luz, e acabei intermediando um negócio que envolvia os produtos fabricados pela Sharp. Com a transação, considerada inovadora e criativa, recebi os parabéns do próprio Matias Machline — o dono do banco —, que tinha por hábito reconhecer e estimular os funcionários jovens com melhor performance.

### Reconhecendo uma oportunidade gigante

Outro *prospect* (cliente em potencial), Antonio Reis Silva, tinha uma conta alta num banco de primeira linha e precisava de uma carta de fiança, cuja liberação demorava por conta da burocracia interna. O comitê de crédito desse banco se reunia somente uma vez por semana. Essa situação acabava favorecendo as instituições menores, que podiam decidir em um prazo mais curto.

Um dos negócios desse possível cliente era a navegação fluvial. Seus barcos transportavam soja e combustível pelo rio Paraná. Já o conhecia de nome, pois seu filho era meu amigo e havíamos estudado juntos no ensino médio.

Analisei bem o negócio e percebi que, se conseguíssemos lhe dar a carta de fiança, traríamos uma conta expressiva para o banco. Não me lembro ao certo das cifras, mas tratava-se de algo como US$500 mil, ou US$1 milhão ou mais... Na época era muito dinheiro.

Ao analisar o negócio, meu chefe considerou que podíamos quebrar a cara. Eu insisti, lembrando que havia fechado o capital de giro com a Votorantim. Meu chefe ficou preocupado:

— Puxa, mas você é tão jovem. Vai tomar um tombo? Já vai estragar uma carreira promissora? Não vale a pena correr esse risco — dizia ele.

Eu contava com minha intuição e capacidade de comunicação. Tinha sensibilidade para avaliar as oportunidades:

— Mas eu quero correr esse risco. É muito pequeno perto do retorno. Vale a pena!

Finalmente, levei para o cliente a carta de fiança. Ele ficou contente, mas não me acenou com a transferência da conta:

— O que te garante que eu vou depositar esse dinheiro no seu banco, moço?

— Nada garante — respondi.

Uma noite se passou. No dia seguinte, nenhum movimento havia sido feito. O meu risco, que era perto de zero, estava aumentando. Voltei ao escritório dele.

Então foi vapt-vupt. O risco passou. Ele abriu uma conta e aplicou seu dinheiro no banco. O CCF era forte lá fora, mas ainda pequeno no Brasil. Chamava-se Valbrás, que era o banco associado ao empresário Matias Machline. A transação ajudou a consolidar minha reputação na instituição, e ainda me reservou outros dividendos. Seria uma porta para um futuro de realizações.

---

### Segundo desafio: Há sempre um lado humano

Desde meus primeiros passos como estagiário, valorizei as relações humanas como um fator essencial na vida profissional. Aprendi a pensar no ser humano dentro das organizações, independentemente dos cargos que ocupei depois na vida.

**Desenvolver a capacidade de relacionamento é algo de que me orgulho.** Faz parte da nossa cultura corporativa conhecer com quem estabelecemos relações comerciais. Saber como a pessoa é faz toda a diferença na hora de fechar um negócio com ela.

**É importante, porém, cultivar relações de longo prazo.** Essa conquista leva tempo e é preciso fazer um esforço deliberado nessa direção, investir tempo e energia nisso.

**Não seja imediatista, saia de seu ambiente e vá até o ambiente do outro.** Visite sua casa ou escritório. Observe como seu cliente ou parceiro se relaciona no trabalho, se cumprimenta as pessoas, se trata bem seus funcionários. Aprenda a fazer perguntas para entender melhor quem é aquela pessoa, qual é sua história, quais são seus valores. Observo que muitos se propõem a fazer negócios sem entender bem quem é de fato ou qual o passado da pessoa sentada do outro lado da mesa. Algumas poucas perguntas de cunho pessoal, olhar as fotos ao redor ou dar sinais de interesse por sua vida são formas simpáticas de tornar a conversa agradável, e que podem ajudar a obter informações preciosíssimas. Aos poucos, você vai entendendo o mundo do seu cliente, desenvolvendo um relacionamento consistente com ele.

**Outro ponto importante é lembrar que nem em todos os *deals* você vai ganhar, nem todos os negócios serão fechados.** É preciso conhecer bem seu produto, verificar se é realmente o melhor, se traz benefícios reais ao cliente, no tempo ideal para ele. **Entenda o valor que você está trazendo para o cliente na linha do tempo. Ele sentirá que está sendo assistido, que vai saber das novidades antes dos outros e que pode contar com você.**

# 3. Criando uma startup

## A grande virada

Em meados dos anos 1980, comecei a sentir a inquietação de ter meu próprio negócio, ser dono do meu nariz. Troquei o certo pelo risco, em um empreendimento novo e desafiador, destinado a transmitir dados financeiros, notícias e cotações on-line, em tempo real, para o mercado financeiro, para empresas e investidores.

Essa oportunidade surgiu quando o mesmo cliente do banco a quem dei a carta de fiança, Antonio Reis Silva, me chamou para uma reunião:

— Vamos montar um negócio juntos. Vamos trazer a Reuters para o Brasil!

— A Reuters? Agência de notícias? — Eu estava surpreso. A Reuters era a maior empresa de comunicações do mundo. Seu nome estava presente nos bancos, nas empresas, na TV, nas legendas das fotos e nas notícias de jornal. — Mas por que a Reuters?

Então, Dr. Antonio, como gostava de ser chamado, fez uma declaração que era uma pérola, no seu estilo peculiar:

— Tudo o que "mija" para trás leva o dono para frente. Levei um susto! Mas ele explicou.

— Olhe só para os meus negócios. — Continuei sem entender, mas ele foi dando exemplos. — Tenho produção de leite: veja o exemplo de uma vaca leiteira! Tenho navegação fluvial: não funciona com as hélices para trás movendo o barco pra frente? Conhece o avião que me transporta? Meu Navajo bimotor tem a hélice que empurra o ar pra trás e joga o bicho pra frente!

— Mas o que isso tem a ver com trazer a Reuters para o Brasil? — perguntei.

— Dá uma olhada atrás do computador.

— Como assim?

— Tem um pequeno ventilador... Esse negócio vai levar a gente para a frente.

Como vocês serão informados mais adiante, foram sábias palavras. Foi assim que tomei a decisão de largar o banco. Pela primeira vez, me tornei empreendedor, atuando em parceria com um grupo de capitalistas.

A empresa foi fundada em 1984 e teria tempo de vida determinado. Deveria durar somente até o fim da reserva de mercado na área de informática, o que viria a ocorrer em 1992. Essa era a janela de oportunidade antes que o mercado se abrisse para as grandes multinacionais.

COMO CHEGAR AO TOPO NAS EMPRESAS | 39

Outro sócio, o português Fernando Manuel Oliveira dos Reis Batista, havia saído da Reuters e tinha os contatos para trazer o sinal da agência para o Brasil. O time ganhou um profissional da área de tecnologia, Marcelo Mesquita Leão. O restante ficou com a família de Antonio, cujo filho, Antonio Reis Silva Filho, havia se transformado num grande amigo e sócio.

A Reuters não concedeu o sinal. Estava tudo pronto, como previsto. Já tínhamos o plano de negócios, mas a maior empresa de mídia do mundo não respondia nem desistia formalmente. Diante da demora, tivemos que sair à procura de outro fornecedor.

A única saída era tentar trazer algum concorrente da Reuters. Finalmente conseguimos fechar com a Bridge Market Data. No entanto, a Bridge não entrou como sócia, mas cobrou royalties de US$40 mil ao ano e nos deu o sinal. Nossa empresa ficou com o direito de representá-la por dez anos. Foi um grande casamento, uma união de sucesso. Essa parceria foi extraordinária e nos forneceu um amplo suporte para montar o software. Enviou engenheiros e pessoal de tecnologia para trabalhar conosco. Juntos, criamos muitos produtos e serviços.

A nossa empresa foi denominada Meca Teleinformática. O nome era formado pelas iniciais das habilitações profissionais, em referência a engenheiros das áreas mecânica, elétrica e civil, além de um arquiteto, como era o desejo de Antônio na época.

Antonio era um empreendedor com visão de futuro como raras vezes encontrei. Era um dos poucos a usar o transporte fluvial no Brasil, onde cerca de 90% dos rios têm longos trechos navegáveis, transportando mais mercadorias, por um preço menor.

Além de transporte e logística, ele já vislumbrava uma revolução no campo das comunicações. Tinha ainda uma noção evoluída de gestão. Sua operação era extremamente organizada e disciplinada. O barco parava no porto e era imediatamente limpo e abastecido. Partia de pronto, sem atrasos. Fiz essa viagem por transporte fluvial algumas vezes e me certifiquei da disciplina dos processos. Além de grande empresário, Antonio era uma pessoa extraordinária, em vários aspectos. Tinha uma barriga saliente e usava a calça acima da cintura, mas tinha um tipo especial de elegância. Vestia bons ternos, boas camisas e me aconselhava: "Não faça economia com isso. Quando comprar um terno, compre o melhor. Isso dura para o resto da vida." Lembro-me dele e de seus conselhos com saudade. Falava-me não só da importância de estar sempre bem-arrumado. Uma de suas máximas prediletas era a seguinte: "Você tem que saber com quem *não* deve brigar." Também gostava de advertir: "O bom cabrito não berra." Trago seus ensinamentos comigo até hoje. Eles têm me servido para a vida.

Antonio também era rápido nas negociações e tinha um estilo surpreendente. Era irreverente, divertido. Certa vez, o Citibank quis comprar a Meca e enviou um representante para fazer a transição. O sujeito era extremamente arrogante e, desconhecendo o porte financeiro dos empreendimentos de Antonio, não se cansava de tentar convencê-lo da grande vantagem que seria para

COMO CHEGAR AO TOPO NAS EMPRESAS | 41

uma empresa tão pequena como a nossa associar seu nome ao do Citibank. Antonio ouviu tudo calado e, por fim, com seu estilo irreverente, colocou o executivo para fora da sala, sem deixar de fazer uma desfaçatez: tirou o chiclete que estava mascando da boca, grudou-o embaixo da mesa e sentenciou:

— Ou paga o que a gente quer ou não tem negócio.

**Reserva de mercado**

Quando a nossa empresa de teleinformática foi criada, o Governo Federal instituiu a Política Nacional de Informática (por meio da Lei 7.232, aprovada em outubro de 1984), que tinha o objetivo de estimular o desenvolvimento da indústria de informática no Brasil. Essa lei tinha prazo de vigência previamente estabelecido de oito anos e criava uma reserva de mercado para as empresas de capital nacional. Havia incentivos tributários para todo o setor, mas também inúmeras restrições. A Secretaria Especial de Informática (SEI) ficou encarregada de regular todas as atividades.

Segundo as regras, 70% do capital deveria pertencer a brasileiros natos. Essa proteção prevista em lei abrangia o equipamento e também os chamados "dados transfronteiras", que era como se denominava a captação das cotações de bolsas internacionais via satélite. Se não fosse assim, a SEI não concederia a licença de atividade com duração de um ano. Todos os anos, esse pessoal aparecia para ver se estávamos seguindo rigorosamente as regras estabelecidas pela reserva de mercado. Desse modo, se tudo estivesse em ordem, renovavam nossa licença.

Havia também a exigência de que o software em operações desse tipo fosse nacional. Havia uma empresa chamada Logus, da qual usávamos um multiprocessador multiusuário. O primeiro software de leitura era um 8 bits, com o famoso processador Z80 (se não me falha a memória!). Era limitado, mas já tinha um processamento distribuído na ponta, ou seja, tinha inteligência nos terminais, diferentemente de mainframes que mandavam informações para terminais à época apelidados de "terminais burros", pois não processavam nada na ponta.

Portanto, fomos inovadores ao usar o processamento distribuído, ou seja, oferecendo ao usuário inteligência na ponta. Usamos alguns dos primeiros ainda não famosos Apples, de 8 bits, na ponta. Nossa equipe, mesmo pequena, era excepcional e desenvolveu o software chamado Mecasys, permitindo montar telas de cotações de bolsas de maneira autônoma para o usuário.

Assim começou nossa bela história no universo do "tempo real", um termo então novo na gestão da informação para os negócios. A Embratel detinha o monopólio das comunicações e para crescer precisávamos dos chamados "canais transdata", que ligavam as cidades brasileiras, possibilitando transmissão de dados. O problema era a morosidade na instalação dos canais. Após a solicitação, decorriam seis meses até que fossem liberados.

Enfim, era mesmo preciso ter uma conta da Embratel, chamada "ponto a ponto" (de São Paulo até a empresa em qualquer outro estado), ou a "multiponto", em que um multiplexador (hardware de distribuição de sinais) direcionava os dados para vários clientes, e no qual cada modem podia conectar até oito usuários. Decidimos, de cara, pedir canais para o Brasil inteiro, estabelecendo conexões com Brasília, Rio de Janeiro, Porto Alegre, Curitiba e Salvador, locais onde havia mercado. A referência eram as commodities, como soja no Sul, cacau na Bahia, café em São Paulo e Paraná, bem como o mercado financeiro no Rio, pois a Bolsa de Valores de lá ainda era muito forte. Outro foco era o mercado de moedas e ouro, forte na competente Bolsa de Mercadorias e Futuros.

Esses canais, de fato, chegaram depois de seis meses. Diante desse quadro, precisei, então, desenvolver um relacionamento com o Banco Central, que se tornou um de nossos primeiros clientes.

**Banco Central**

Fui a um evento em Goiânia e quis aproveitar a viagem para ir até Brasília. Nessa ocasião conheci Emílio Garófalo, na época chefe do Departamento de Operações de Reservas Internacionais (Depin) do Banco

Central. Cheguei sem ter horário marcado. Pedi para fazer uma demonstração de nosso produto de cotações de ouro e moedas em tempo real, fundamentais para as tomadas de decisão do banco. Ele, relutante, disse que eu tinha cinco minutos. Se não conseguisse, ele me jogaria para fora da sala com o equipamento. Na raça, e pela necessidade, liguei o computador e o modem no prazo exigido.

Gostaram muito do produto, principalmente porque a tela era inovadora e já trazia uma calculadora on-line, que fazia os cálculos de conversões de moeda em tempo real. O valor agregado foi tão grande que autorizaram a colocar o terminal na instituição.

**Um futuro promissor**

A Meca foi uma empresa inovadora, que usou o micro-computador já na ponta e garantiu inteligência no processamento individual. Dois anos depois, o cliente já podia ligar o sistema com planilhas, por meio do sistema Lotus. Mais tarde, a empresa começou a pensar em ter notícias, especialmente por conta da Guerra do Golfo, que afetou os negócios em escala global. Era um novo desafio que se apresentava.

### Terceiro desafio: A ciranda dos riscos

Quando decidi deixar para trás uma carreira promissora num banco internacional (o CCF) para me tornar sócio de uma startup, sem nenhuma experiência, tomei uma atitude que exigiu reflexão, sem dúvida. Mais do que isso, exigiu coragem.

Nós tínhamos o combustível principal: oito anos a nosso favor, um dos maiores *players* americanos entrando no Brasil e nos dando *know-how* e subsídio. O problema maior era a falta de mão de obra qualificada para criar os softwares. Mas as pessoas eram boas e tinham conhecimento. Concluí que valia o risco e decidi largar o banco.

Nós nos reuníamos à noite, depois do expediente, para discutir o projeto. Quem não queria se arriscar não entrou. Aqueles que queriam manter o emprego e o salário e participar do projeto sem colocar dinheiro, apenas ganhando ações para pagar depois, no dia em que vendessem a empresa, não foram escolhidos. Naquela época, eu também não tinha dinheiro, mas meu risco foi largar o banco. Juntei-me aos outros, com o compromisso de que, no dia em que vendesse a empresa, eu pagaria ao meu sócio de volta. Nada era ganho, tudo era conquistado. Outros tinham a vontade, mas não queriam largar o emprego, queriam continuar com seu salário garantido, sem entrar com o capital.

O risco não pode ser unilateral. A pessoa quer o risco do outro, não quer o risco para si. Se alguém quer ser empresário e fazer sucesso, precisa correr o próprio risco. Por isso são poucos. Há pessoas que não conseguem conviver com a incerteza e desistem. Depois que o negócio dá certo, se arrependem.

Logo depois que vendemos a Meca, quis continuar como empresário na área da internet. Fiz o investimento em uma empresa que estava começando como provedor da internet. Mas depois precisei sair, quando fui trabalhar na Reuters. Não podia ter uma atividade paralela. Você precisa escolher o sonho que deseja para sua vida.

# 4. O sonho cresce

A Meca foi desenhada para transmissão de dados de Bolsas de Valores e de Derivativos e de notícias, integrados com ferramentas financeiras, via sistema on-line/tempo real. Foi a época em que o mundo começava a girar mais rápido, migrando do padrão analógico para o digital, alterando todos os paradigmas operativos no mundo dos negócios. Se a informação sempre tinha sido um ativo estratégico nesse meio, tornava-se naquele momento o fator-chave nos processos decisórios. Antes, ganhava quem tinha a informação segura. A partir da revolução tecnológica iniciada no final dos anos 1980, as conquistas passaram a depender também de antecipação. A vantagem ficava com quem recebia dados antes da concorrência.

A seleção, a redação e a edição de notícias passaram definitivamente a ter um caráter aplicado. Acontecimentos nos campos da política, da economia e até mesmo da arte e da ciência eram

48 | RICARDO DINIZ

analisados sob o ponto de vista do mundo dos investimentos. A declaração de um alto diretor do Federal Reserve (FED), dos Estados Unidos, podia guiar uma decisão, assim como a notícia sobre o desenvolvimento de um novo chip eletrônico podia indicar uma oportunidade de investimento.

### Em busca de conteúdos

Vivi com meus sócios um novo desafio: a busca por um parceiro que pudesse nos abastecer de conteúdo. O leque de opções não era grande. Havia a United Press International (UPI), a Associated Press (AP), a Unicom e a Future World News (FWN)... Foi com esta última que fechamos acordo, em reunião realizada no mezanino de um hotel em Chicago, no final dos anos 1980.

Naquela época, o Brasil ainda mantinha sua economia engessada. Comercializar com outros países era difícil, especialmente quando nós éramos os compradores. Havia regras demais, restrições demais, num sistema que em nada lembra a liberdade de concorrência hoje em vigor.

Nesse campo, o mais importante é compreender a relação entre a realidade dos mercados e, simultaneamente, fazer o melhor uso da informação no desenvolvimento dos negócios. Quando comecei a vender serviços no Brasil, a tecnologia era o satélite, aliado ao processamento de ponta. Nesse início, tudo parecia muito rápido, mas já era muito lento. As linhas de comunicação, aqui para os técnicos, eram de 1.200 bits por segundo (bps). Eram tão baratas que nem cobrávamos dos clientes.

Depois, no final da década de 1980, com o aumento do movimento das bolsas, as linhas passaram a 2.400 bps; e, em seguida, a 4.800 bps. Foi quando precisamos começar a repassar o custo para os clientes. Dali, migramos para 9.600 bps, depois para 1 mega, 2 megas e assim por diante. Isso ocorreu porque nessa época a Bolsa de Valores, a exemplo das Bolsas de Derivativos internacionais, passou a disponibilizar seus dados eletrônicos também via *vendors* — denominação de empresas como a nossa. Isso gerou um enorme volume de informações. Havia dados sobre mercado de derivativos, mercado de ações e mercado de opções, de modo que as linhas precisavam ter mais velocidade.

À época, os mercados ainda dependiam muito de telefone, o que chamávamos de *voicebroker*. Culturalmente, vale relembrar, o Brasil é um país em que as relações pessoais exercem muita influência.

Porém, de repente, um segundo passou a ter importância. Como os valores se alteravam rapidamente, qualquer atraso fazia diferença. As bolsas aumentavam a liquidez e introduziam mais ativos nas suas linhas de transmissão.

Nesse novo contexto, após qualquer tropeço, o cliente já nos ligava para "dar uma dura" e reclamar do atraso. Isso explica a otimização das linhas e a aposentadoria do computador de 8 bits (com o qual convivemos entre 1984 e 1988), que já não suportava a carga de dados em trânsito na rede.

**Os avanços tecnológicos são importantíssimos para qualquer ação empreendedora. No entanto, o ser humano sempre será fundamental para definir o espírito dessa atividade transformadora.** É ele que define o padrão de funcionamento das máquinas e quem estipula as finalidades de qualquer sistema. Ou seja, o valor econômico e social de um negócio depende sempre do arbítrio humano.

No caso da Meca, posso assegurar que as pessoas fizeram a diferença, pois não bastava simplesmente trocar os equipamentos. Como tudo era novo, precisávamos aprender enquanto fazíamos e criávamos. Nossos engenheiros de software, por exemplo, eram craques nisso. Eram poucos, pois o mercado de software nesse segmento engatinhava, mas eram profissionais experientes, capazes de lidar com dados e transmissão em tempo real. Formavam um time pequeno, mas que detinha muito conhecimento.

Foi bem difícil montar essa equipe, pois não havia profissionais especializados para atender às demandas do empreendimento. Tratava-se, afinal, de um período de extraordinárias invenções, em que a inovação era muito mais rápida do que a capacidade das escolas de digerir o novo saber tecnológico e preparar mão de obra. Era, portanto, algo para ser aprendido simultaneamente à realização do trabalho. O mesmo valia para as pessoas que nos ajudavam no lado da Bridge, pois até nos Estados Unidos os profissionais precisavam tomar lições enquanto trabalhavam.

A melhor maneira de reter esses talentos era adotar a meritocracia. As pessoas-chave eram sócias. O salário não era aquilo que as motivava, mas sim a participação nos resultados.

COMO CHEGAR AO TOPO NAS EMPRESAS | 51

Nosso software da época, desenvolvido *in-house*, era chamado, se não me engano, de "log-bas", destinado especificamente para aquela tarefa. Os computadores da Logus realizavam o processamento na ponta, mas o software foi criação nossa.

A mão de obra era escassa. Lembro-me que treinamos um office-boy que ficava horas depois do trabalho mostrando interesse em mudar de atividade para encorpar a equipe e dar chance às pessoas interessadas de dentro da empresa. E deu certo!

Nosso sistema distribuía o processamento à ponta, o que tornava rápido o acesso a diferentes cotações. No entanto, com o aumento do volume de informações, o computador de 8 bits não conseguia guardar tudo de uma vez. Assim, desprezava o que não conseguia processar.

A difusão de dados de diversos mercados exigiu mudanças rápidas. O padrão passou a ser qualquer computador compatível com o IBM PC, o famoso 16 bits. Assim, podíamos armazenar muito mais dados. A partir desse upgrade, nos pusemos a estudar o que era o futuro do softwares: a linguagem C++.

Por volta do final dos anos 1980, um de nossos engenheiros visitou o pregão da Bolsa de Mercadorias Futuras (BM&F), ainda na Praça Antônio Prado, e anteviu que, em um futuro não muito distante, tudo aquilo seria realizado por cérebros eletrônicos.

Naquele momento, entendemos que o pregão seria substituído por máquinas e acabaria com o chamado mercado de viva voz.

## 52 | RICARDO DINIZ

Em 1988, deixamos de fornecer a máquina para o cliente. O 8 bits era um monitor pequenininho, com tela de 12 polegadas em fósforo verde ou âmbar, e cobrávamos o equivalente a aproximadamente US$200 de aluguel mensal pela máquina. Na nossa equação de receita, o *leasing* do equipamento era amortizado a cada seis meses; a partir de então, o aluguel passava a ser uma fonte de receita adicional importante.

Quando adotamos o IBM PC, o modelo de negócio não incluía mais o aluguel do equipamento, e passamos a viver exclusivamente do aluguel do software.

Esse virou o *core* [coração] do nosso business, definitivamente. Quando ocorreu a migração para o PC, foi preciso investir fortemente na atualização da equipe. A Meca alugou uma sala na FAAP para ministrar aulas aos próprios funcionários. Na época, todos os tutoriais eram importados. Os livros vinham de fora, todos em inglês.

O brasileiro sempre foi visto como um bom copiador nessa área. E isso não é mito. É verdade, mas uma verdade incompleta. Pelo menos nessa área, o brasileiro também se mostrou um bom customizador, capaz de adaptar equipamentos e programas às nossas demandas. E mais: a experiência mostrou que somos bons inventores.

Certa vez, vi o pessoal da Bridge bem impressionado. Isso ocorreu quando exibimos nosso primeiro software rodando no Windows. Como o Windows não rodava no processador 286, para a necessidade do tempo real, foi utilizado um 386, produzido pela Microtec.

## Quarto desafio: A transparência é o seu escudo

A transparência é um requisito essencial nas relações profissionais. No começo das operações da Meca, a franqueza foi fundamental no estabelecimento das relações com os clientes.

Naqueles tempos de pioneirismo, os processos nem sempre transcorriam tecnicamente conforme o planejado. Decidimos, portanto, desde o primeiro momento, constituir um padrão ético de conduta e evitar o recurso do "embromation", ainda comum no campo da prestação de serviços. Simplesmente falávamos a verdade. Se algo não seguia o script, explicávamos o que estava ocorrendo. Ao mesmo tempo, mostrávamos autêntico empenho em aperfeiçoar o processo. Se a correção exigisse dez dias de espera, por exemplo, comunicávamos o cliente e nos esforçávamos para respeitar esse prazo.

Existia e ainda existe no Brasil uma cultura de ilusionismo nas relações comerciais. O vendedor normalmente promete mundos e fundos. Nesse momento, ele aceita todas as exigências do comprador, elevado à condição de divindade. Depois de realizada a transação, no entanto, apresenta uma série de limitações, restrições e exceções ao acordo estabelecido. Logicamente, essa postura mina a credibilidade das empresas, que perdem a oportunidade de fidelizar a clientela. Isso não ocorre em economias evoluídas, nas quais prevalece a livre concorrência e o verdadeiro espírito do capitalismo.

Em nossa experiência pioneira, lidávamos frequentemente com o inesperado. Podia ser um fio desconectado ou um terminal com defeito. Íamos consertando o avião durante o voo.

Certa vez, houve um problema com um cliente que era obcecado pelo mercado de derivativos, local e internacional. Acompanhava as flutuações nos preços e os movimentos de compra e venda dos derivativos. Quando o sistema parou, ele imediatamente telefonou para restabelecermos a conexão. O problema não podia ser resolvido rapidamente. Por isso, não mentimos e tampouco destacamos um funcionário para lhe dar a má notícia. Promovemos uma reunião, na qual mostramos em detalhes a razão daquela falha. Tudo com muita transparência. Nosso relacionamento se fortaleceu após esse contato presencial. Ele aguardou com paciência, porque o informávamos constantemente das ações que estávamos concluindo, até que pudemos solucionar o problema.

Que lição de vida pude extrair dessa situação? **Seja transparente nas suas relações profissionais, sempre. A transparência é um escudo que protege e fortalece as relações, mesmo nos momentos difíceis.**

# 5. A força da tecnologia

No campo da inovação tecnológica, o novo envelhece rápido. Quando passamos a um novo patamar, imediatamente nos obrigamos a iniciar um novo processo de aperfeiçoamento. O que é veloz precisa se tornar velocíssimo. A inteligência de um software nunca é suficiente.

Para qualificar e diferenciar nossos serviços, começamos a trabalhar com as primeiras planilhas, denominadas Lotus 123, da Borland. As planilhas passaram a ser atualizadas em tempo real. Dividia-se o valor da ação pelo dólar, tirava-se a comissão e definia-se seu valor líquido. Hoje, é difícil acreditar que, até então, tudo isso era feito na calculadora. Em seguida, estabelecemos uma parceria com a Economática, uma empresa que reproduzia balanços e oferecia avaliações e estatísticas dos mais diversos mercados. Esse material era atualizado no fim do dia, num banco de dados. Utilizamos igualmente o material da

ATM, empresa carioca de Nei Lima e Silva, que nos disponibilizou inúmeros aplicativos gráficos que atualizávamos frequentemente. Outra empresa do Rio de Janeiro, a Apligraf, de Wagner Belfort Duarte, também se tornou uma parceira.

A multiplicação dessas companhias fornecedoras de conteúdos mostra que os empreendedores brasileiros estavam se movimentando rápida e corajosamente para fazer a revolução digital acontecer também por aqui. Aos poucos, aprimoramos o envio de dados para essas empresas, o que nos permitiu divulgar gráficos e planilhas em tempo real.

Ainda em 1986, a Meca começou a trabalhar por outros aprimoramentos em seus serviços. Para isso, conversamos com Luís Nassif, conceituado jornalista de economia, que era dono da Agência Dinheiro Vivo e tinha um programa na TV. Ficamos amigos, e sugeri a criação de um negócio destinado a oferecer informação analítica, de texto, em tempo real. Ele gostou da ideia e buscamos um modo de entregar esse conteúdo.

Infelizmente, no entanto, ainda enfrentávamos limitações no campo tecnológico. Não havia como colocar texto no 8 bits. Simplesmente não cabia. Na época, até pensamos em imprimir o material e fazer a entrega aos clientes da maneira mais simples, como os jornais, com uma Kombi, às 6 da manhã. Depois de refletir sobre o método, concluímos que não faria muito sentido utilizá-lo, pois estaria na contramão da revolução digital.

## Uma proposta de venda

Tínhamos a visão de que nosso negócio duraria até 1992, que era o final da reserva de mercado. Em 1988 antecipamos isso, com uma oportunidade que surgiu com uma oferta da CMA. A CMA era então a maior empresa do nosso segmento, era a consolidadora do mercado, especializada em engenharia de alta tecnologia.

A empresa fez uma oferta para a compra da Meca. Naquele momento, com a mão de obra escassa no país e o segmento requisitando tecnologia e grandes investimentos, tínhamos receio de ficar na mão de poucas pessoas.

Chegamos à conclusão de que o preço que a CMA estava oferecendo era muito bom. A venda possibilitava à Meca sair do mercado como uma empresa de sucesso.

Por outros motivos, que discutiremos mais tarde, o negócio acabou por não se realizar.

---

### Quinto desafio: O cliente é seu melhor negócio

Desde que começamos na Meca, sempre tivemos a percepção de que o cliente estava no centro de todo o processo. Gestão, administração, atendimento, tudo gira em torno dos interesses do cliente. Encantá-lo é um processo completo, desde o primeiro momento, quando há o primeiro contato, até conseguir convencê-lo da qualidade do produto. A empresa responsável deve dar continuidade a esse padrão, nos processos, nas instalações e nos serviços.

Comparo essa maneira de tratar os clientes à forma como o segmento bancário trata seus clientes premium.

Enquanto os clientes eram tratados por muitas empresas como commodities, tratávamos todos com a mesma atenção, fossem eles pequenos, médios ou grandes. Quando estávamos desenvolvendo a empresa, os clientes tinham essa percepção. Fazíamos o máximo para atendê-los da melhor forma possível, em quesitos como tempo de resposta, atendimento personalizado, olho no olho. Íamos até o cliente e fazíamos questão de mostrar que estávamos do lado dele, que tínhamos vontade de crescer, de vencer.

A fidelidade do cliente não é só momentânea, mas se dá ao longo do tempo. É necessário encontrar a solução para o cliente, mesmo que a solução seja "do concorrente", e não sua. O dia em que adquirir autoconfiança, ele entenderá que, mesmo quando compra a marca do outro, é a sua marca que ficará presente por mais tempo na mente do cliente, sempre pelo viés positivo. A satisfação que ele ganhará na nova marca sempre será atribuída à sugestão feita por você. Esse é o famoso *storytelling*: permanecer na mente das pessoas por mais tempo. Pode ser que lá na frente sua tecnologia dê um salto na frente do concorrente e o cliente volte.

Essa é a visão do cliente que tenho hoje. Ele é sempre o seu melhor negócio.

# 6. Uma grande perda e um grande revés

Foi nesse contexto que o improvável aconteceu. Nosso sócio majoritário, Antonio, morreu repentinamente, num acidente de trânsito. No dia da venda da Meca para a CMA, os sócios desta dariam um cheque caução como garantia do negócio.

Naquele dia, Antonio teria um almoço com os donos da CMA. O escritório da empresa era perto do restaurante, próximo à avenida Santo Amaro. Ao atravessar a avenida, Antonio não prestou atenção à mudança de mão da faixa de ônibus e foi atropelado.

Ficamos todos chocados, sem saber o que fazer. Perdi um grande amigo e mentor. Por um momento, tive a sensação de que o céu tinha desabado sobre meus ombros. Os familiares de Antonio também pareciam não acreditar no que havia acontecido.

Esperamos pela missa de trinta dias para tomar alguma decisão.

## Um período de luto

Passado o período de luto, voltamos à posição inicial. Além dos sócios que eram da família de Antonio — principalmente seu filho, Antonio Reis Silva Filho, o Toni — havia outros sócios: o diretor de vendas, o diretor de tecnologia, além de dois corretores do Rio de Janeiro e eu.

O processo de sucessão familiar foi bastante complexo, envolvia diversas outras empresas e negócios, muitos herdeiros, e não havia uma empresa especializada contratada para conduzir a sucessão.

Eu tinha vínculos apenas com a empresa de teleinformática, a Meca. Nossa missão passou a ser trazer um sócio estratégico até 1992, e não necessariamente vender a empresa.

Nós fomos à luta. A realidade era que tínhamos aproximadamente cem funcionários e precisávamos seguir adiante.

## A força da concorrência

Naquela época, o mercado se movimentava a passos largos. A Agência Dinheiro Vivo se fortalecia. Outro empresário que despontava era Fausto Botelho, um dos criadores da Enfoque Gráfico, uma revista impressa que circulou durante alguns anos no segmento. A publicação se tornou eletrônica e o material com gráficos de cotações

COMO CHEGAR AO TOPO NAS EMPRESAS | 61

passou a ser transmitido por FM on-line em tempo real. Surgiu então a Broadcast, para transmitir dados, gráficos e cotações das bolsas nacionais.

Era um sistema de instalação e consequente geração de receita mais rápidas. Enquanto a Meca necessitava pedir uma linha telefônica na Telesp (hoje Telefónica), a Enfoque Gráfico resolvia tudo com uma simples antena de rádio, à exemplo da líder de mercado, na época a CMA. Em seguida, em 1991, Botelho e sócios venderam a Broadcast para o Grupo Estado, que publica o tradicional jornal *O Estado de S. Paulo*.

Nessa época, a Meca já tinha desenvolvido um software que era compatível com o uso do PC, o que permitia transmitir notícias on-line, inclusive as notícias da Agência Dinheiro Vivo. Em 1991, no período da Guerra do Golfo contra o Iraque, liderada pelos Estados Unidos, contratamos os serviços da Future World News (FWN), para disponibilizar notícias internacionais, on-line e em tempo real. Isso era fundamental para a tomada de decisões no mercado financeiro, uma vez que as notícias, quando chegavam via mídia impressa, já estavam defasadas.

Nessa época, já tínhamos como parceiros o Luís Nassif e a Agência JB, do *Jornal do Brasil*. Eu era tão fanático pelo negócio de notícias e tão competitivo que temia ficar atrás da Broadcast. Quando ela foi incorporada à Agência Estado, começou a divulgar essas notícias em tempo real, de modo que o mercado passou a se mover com base nessas informações.

## 62 | RICARDO DINIZ

Tentei, então, realizar uma parceria com a *Folha de São Paulo*, em discussões com o engenheiro Pedro Pinciroli Júnior, que já antevia sua inserção no meio digital. Autorizaram-nos a efetuar testes na empresa e chegamos a fazer algumas simulações em tempo real. Infelizmente, não chegamos a fechar um acordo. A *Folha de São Paulo* seguiu seu planejamento estratégico, lançando o portal UOL.

Com o objetivo de tornar nosso produto mais competitivo frente à concorrência, com notícias de credibilidade, fizemos um acordo com a rádio CBN e com a jornalista Cátia Toffoletto. Ela ia para o nosso escritório e lá trabalhava gerando conteúdo em tempo real. Com um telefone (utilizado para consultar suas fontes), um aparelho de rádio e uma TV, ela produzia notícias bem-apuradas, com o máximo rigor. Cobrávamos um *fee* equivalente a aproximadamente US$50 de cada cliente. Com essa inovação, vendemos muitas assinaturas, especialmente pelo peso de uma marca pertencente ao Grupo Globo. A CBN já tinha como bordão publicitário a frase "a rádio que toca notícia".

Foi um período em que, amparada pelo editorial da Agência Estado, a Broadcast cresceu exponencialmente, publicando notícias que impactaram o mercado. Tinha um grande número de terminais e extensa capilaridade. Houve uma mudança de paradigma no próprio jornalismo. Os jornalistas trocaram o tradicional modelo de apurar a matéria ao longo do dia para o modelo do tempo real. Romperam com a maneira tradicional de trabalhar.

## Lua de mel e Plano Collor

Em meio a esse cenário, dois fatos tiveram enorme impacto na minha vida naquela época.

Eu já namorava minha esposa Renata havia algum tempo, estávamos noivos e com o casamento marcado. Era o ano de 1990. Saímos para a lua de mel, felicíssimos. Passados alguns dias, recebi um telefonema de meu sócio:

— Pode voltar já! Não temos mais nada!

Pensei com meus botões: "O que este homem está querendo comigo no meio da minha lua de mel?" Eu estava na Ilha de Comandatuba, curtindo a praia, tomando água de coco, deitado na rede, recém-casado, fazendo planos para o futuro.

— Volte imediatamente. Foi instaurado o Plano Collor, e está tudo congelado.

Pensei: "Este cara está louco. Isso não existe." Fui direto para o meu quarto, e no caminho precisei passar pelo lobby do hotel. Lá percebi um grupo de pessoas se acotovelando no balcão da recepção. A confusão era geral. As informações eram desencontradas. Muita gente tentando voltar para casa. Ninguém tinha dinheiro, ninguém tinha como pagar o hotel. Já no quarto, respirei fundo e falei para minha mulher:

64 | RICARDO DINIZ

— Acho que vou ficar te devendo uma lua de mel.

Voltei sem a lua de mel e sem dinheiro algum.

A volta para o escritório foi um choque. Ao sair de São Paulo, parecia que a vida estava perfeita: os negócios corriam bem, o casamento havia sido perfeito. Quando voltei, não tínhamos nada. Tivemos de tomar a decisão de enxugar a empresa. Tomamos medidas duras. Pouco tempo antes, tínhamos alugado uma casa bonita, chique e moderna para receber clientes, vizinha ao escritório. Erguemos um muro, devolvemos a casa e demitimos 25% dos funcionários. Foi o pior que nos aconteceu, mas tomamos a decisão correta, que permitiu a sobrevivência da empresa.

Mais de um ano depois, após contornarmos a crise, a duras penas, resolvi propor à minha esposa uma lua de mel de verdade, fazendo um tour pela Europa.

**Um pequeno parêntese**

Dessa vez, minha esposa voltou grávida. Tivemos nossa primeira filha, Daniela, em 1992. Participei muito da gravidez, acompanhei o parto, fiquei nervoso, queria fotografar o bebê, dava palpites aos médicos, quase fui expulso da sala de parto. A verdade é que estava muito feliz. A mesma situação se repetiu mais duas vezes, em 1994 e em 1998, quando nasceram nossas outras filhas, Marcela e Gabriela. Confesso que foram os momentos mais felizes da minha vida. Sim, sou um pai coruja, que adora a família e a coloca acima de tudo.

## O desafio do parceiro estratégico

A missão de encontrar um sócio estratégico para nosso negócio se tornava mais premente. Fizemos inúmeros contatos, Toni e eu. Tivemos reuniões com grandes bancos, com os principais grupos de mídia de nosso segmento.

Além do Grupo Folha, procurei o Grupo Estado. Conversei com diversos empresários. Fazia testes, marcava novas reuniões, esperava por uma resposta, voltava a conversar. Tive conversas com Carlos Melzer, do Grupo RBS. Entrei em contato com o Banco Garantia, por intermédio de um amigo, Fernando Russo. Tinha reuniões, esperava por uma resposta, voltava a conversar.

Exagerando um pouco, posso dizer que ouvi centenas de nãos. Aonde ia, a resposta era mais ou menos parecida:

— Não temos interesse.

Foi então que, num arroubo, sentei-me ao computador e redigi um *winfax* (o antecessor do e-mail):

*"Caro Dr. João Roberto Marinho, o senhor não me conhece, mas sou sócio de uma empresa que traz dados das Bolsas de Valores e de Mercadorias, nacionais e internacionais, on-line e em tempo real. Dizem que tenho um concorrente e que ele vai me quebrar. Descobri que esse concorrente não é meu; é seu. Chama-se Agência Estado Broadcast."*

66 | RICARDO DINIZ

A sorte me sorriu. Ao receber o fax, ele me chamou para uma reunião no jornal *O Globo*:

— Quando você pode vir ao Rio?

— No próximo voo da ponte aérea.

Na verdade, já tinha desenvolvido muitas relações no Rio de Janeiro. Tínhamos escritório e clientes no Rio, e frequentemente eu trabalhava lá durante parte da semana. Tinha boas relações com Edgar da Silva Ramos, que era presidente da Associação Nacional das Distribuidoras de Capital Aberto (Andima). "Quem devo procurar no Grupo Globo para fazer uma proposta de parceria?" Ele me disse: "Você tem dois clientes, o Henrique Mattoso, da Pavarini, e o outro, o Álvaro Otero, da Corretora..." Foram esses contatos que me levaram a João Roberto Marinho e Luiz Eduardo Velho Vasconcelos (Dadá), do jornal *O Globo*.

Então fui ao Rio para a reunião e tivemos uma conversa excelente. Ele me disse que mantinha a filosofia, herdada de seu pai, de não entrar em negócio algum se não fossem sócios majoritários. Senti que o negócio iria prosperar.

Algumas semanas se passaram. Certa manhã, ao abrir o jornal *O Estado de S. Paulo*, fui surpreendido com uma foto do Ministro da Fazenda, que na época era o futuro presidente Fernando Henrique Cardoso. Ele estava com Rodrigo Mesquita, o diretor-geral da Agência Estado. A notícia mostrava o primeiro computador da Agência Estado sendo usado pelo Ministro da Fazenda.

Aquilo foi um choque.

Recortei a matéria e mandei por fax a João Roberto Marinho, com um bilhete: "As empresas não vão mais

COMO CHEGAR AO TOPO NAS EMPRESAS | 67

patrocinar o *Jornal Nacional*, pois as notícias para o mercado financeiro já estarão velhas. Estarão todas no terminal da Broadcast." Fui assertivo, mas tive de ser, pois nós só tínhamos aquela bala na agulha.

Aquela informação funcionou. Ele me ligou e pediu que fizesse uma apresentação para a diretoria do Grupo Globo. Fui ao Rio preparado para aquela apresentação. A reserva de mercado já tinha acabado no Brasil. Os grandes concorrentes, como a Bloomberg e a Reuters, estavam se posicionando para entrar mais fortes no país.

Lembro-me que o Henrique Caban, um dos diretores, estava presente nessa reunião. Fez a pergunta fatídica: "Por que nosso grupo deve entrar nesse mercado?"

Levei um celular de brinquedo, da marca Motorola, e fui preparado. São Paulo ainda não tinha o mercado de celulares. A certa altura da reunião, para demonstrar na prática a revolução tecnológica pela qual estávamos passando, propus uma demonstração, uma brincadeira. Contei uma história:

"Quatro amigos saíram para almoçar com seus celulares novos e pediram à secretária da empresa: Você liga para a gente e desliga na hora em que atendermos, por favor? Assim foi feito. [Eu havia criado uma história fantasiosa, o que chamamos hoje de *storytelling*, a fim de chegar ao ponto, ainda sem certeza de que essa estratégia acabaria bem.]

"Durante o almoço, o telefone toca e o primeiro atende: [E aí a coragem de começar o *storytelling* planejado.]

# 68 | RICARDO DINIZ

"— Maitê Proença, que bom, sim, é seu aniversário. Claro, vamos jantar!

"O segundo telefone toca:

"— Ministro Fernando Henrique Cardoso! Ah, o senhor vai concorrer à presidência, parabéns!

"E o terceiro:

"— *Yes*, Mr. Clinton! *How are you*?

"Eis que o telefone do último toca. Os outros olham espantados. Quem poderia ser?

"Percebem que o colega não está sorrindo. Pelo contrário, suas mãos tremem um pouco. A secretária então não desligara o telefone, a exemplo das outras ocasiões, pois havia de fato alguém do outro lado da linha. Então, balbuciando, ele atende o telefone:

"— Dr. Roberto... algum problema?

"Para encurtar os passos seguintes, foi assim que a empresa acabou sendo vendida."

## Negociações

As negociações foram longas. O jornal *O Globo* contratou a empresa de consultoria Booz Allen, na época presidida por Oscar Bernardes, para estudar os benefícios que a empresa poderia trazer para o futuro dos dados on-line.

Ninguém sabia dessas negociações, que eram sigilosas, exceto Antonio Reis Silva Filho, o Toni, e eu.

Em 1995, quando finalmente fomos para o escritório da Booz Allen para a assinatura do contrato, quando o jornal *O Globo* comprou 100% da empresa e criaram a Agência Globo/Meca. Nesse meio-tempo, chegou-se a especular que a empresa estava sendo vendida para o Grupo Folha.

O segredo é a alma do sucesso. (O tempo passará, mas essa expressão, não.)

---

### Sexto desafio: A mente positiva gera soluções

Em momentos de dificuldade, quando me defrontei com imensos desafios, nunca deixei de ter fé, de acreditar. Sempre tive um olhar seletivo. O foco sempre estava na solução, na realização, na meta. Com persistência, perseverança, resiliência, não pensava no que poderia dar errado.

Em momentos críticos, sinto que fiquei cego aos obstáculos. Fui me treinando para não ver ou imaginar o pior acontecer. Tive um olhar seletivo, para ver o lado positivo. A mente positiva é criativa. Ela cria soluções e não obstáculos.

Há saída para tudo. Tente uma vez, duas, três. Tente de uma maneira, se não der certo, tente de outra. Há uma solução. Ela deve estar muito perto de você.

# 7. Um mundo novo

Com a venda concretizada, passei a viver na ponte aérea Rio-São Paulo. Assim permaneci entre janeiro de 1995 e janeiro de 1996. Foi um ano de muita experiência.

A empresa observava qual seria a direção daquele mercado, queria conhecer o futuro daquela tecnologia. Dirigir uma agência de notícias era um mundo totalmente novo para mim. Passei a conviver com o pessoal do jornal *O Globo*, integrando a dinâmica da tecnologia da informação em tempo real à rotina de produção de notícias de uma agência.

### *O Estado de S. Paulo*/Broadcast

Então recebi um convite para comandar um processo de ponta em uma marca tradicional de mídia. Fui para a Agência Estado. Lá, pude aplicar a experiência adquirida na Meca — uma empresa que se consolidou antes de ter um braço jornalístico forte.

## 72 | RICARDO DINIZ

Tinha adquirido expertise sem ter por trás um grupo empresarial ou jornalístico forte. Era o momento de pôr em prática a experiência desenvolvida. Qual era meu segredo? O mais importante: colocar o cliente em primeiro lugar.

Também implantei mudanças na parte operacional. Precisava levar meu ponto de vista como empresário. As reuniões habitualmente eram realizadas às seis horas da tarde, às sextas-feiras. Porém, passaram a ser feitas às segundas-feiras, às oito horas da manhã, pontualmente, quando todos estavam com a cabeça fresca. A tolerância se limitava a 15 minutos e quem não chegasse na hora não entrava na reunião.

Às sextas, as reuniões demoravam a começar; as pessoas estavam cansadas, não tinham foco, estavam pensando — com razão — nas atividades de lazer, depois do trabalho. Às segundas, participava da reunião o que chamamos de *client facing staff* — a equipe que tem contato com clientes. Discutia-se o *pipeline* (reunião de resultados), planilhas, metas, com muita transparência. Passamos a abordar assuntos como lucro, clientes, fechamento de negócios, e começamos a analisar vendas por meio de planilhas, pautas, objetivos e resultados. Os gerentes vendedores tinham o *pipeline* e todo o processo, que adquiriu muita transparência, para que todos soubessem o que acontecia na empresa.

Tratava-se de implantar uma nova metodologia, uma nova cultura na empresa.

Havia também várias divisões dentro da organização, cada uma dirigida a um mercado específico: Broadcast,

Infocast e Agrocast. Os vendedores, embora especializados por áreas de negócios, eram todos da Agência Estado. Comecei a cobrar resultados, produtividade, levantamento de gastos, por exemplo.

Certa vez compareci a um evento e me surpreendi com a quantidade incrível de funcionários da empresa presentes. Amigos, conhecidos, como um clube. Caramba! Aquilo me chamou a atenção. Quantos clientes teriam que ser fechados para pagar o custo dessa viagem? A primeira coisa que eu me perguntava era isso.

Eu vinha de uma empresa pequena, tinha os custos na ponta do lápis. Quando estava na gestão da Meca, sabíamos o número de clientes que precisávamos ter para abrir uma filial, tudo era muito controlado. Não tinha orçamento de marketing. Tinha que usar a criatividade e a oportunidade. Tinha que dividir um laptop entre dez. Imagine só, o celular era difícil, na empresa cada um tinha limite de gasto mensal.

Criei um plano de negócios para montar filiais, para abrir novas filiais, para pagar investimentos em marketing, para fazer eventos, sabia que quanto maiores os gastos, menores os resultados, menos bônus para todos.

Tinha uma noção muito forte do que era a equação de uma empresa, a equação de receita. Era um diretor comercial com cabeça de CEO. Pensava: "Que retorno vou obter disso?"

## Mudando de lado na mesa

Fiquei um ano na Agência Estado. Tive um ano para colocar em prática a experiência que me trouxe a venda de uma empresa familiar para a segunda entrada em um grupo de mídia muito forte. Estivera no jornal *O Globo* e estava na Agência Estado. Precisei aprender que minha cadeira não era mais a cadeira do chefe. Tinha a responsabilidade de transacionar com a maior agência de notícias on-line/tempo real do Brasil, mas com o chapéu de executivo. Essa mudança, comandando o processo financeiro em um grupo nacional muito forte, foi uma quebra de paradigma. Eu estava acostumado a tomar as decisões. Embora com apenas 5% de participação na Agência O Globo Meca, eu ainda era sócio. Quando passei para a Agência Estado, tornei-me um executivo, não mais um acionista.

Era minha vez de colocar em prática o que tinha aprendido como sócio, fazer valer aqueles princípios de gestão que tinham dado certo, que levaram minha empresa ao sucesso, uma empresa que se internacionalizou, que trouxe o jornal *O Globo* como acionista majoritário. Era minha vez de mostrar — como executivo — que tinha capacidade para ser um líder: nas áreas de gestão, de administração, de pessoal e de resultado. Foi a primeira oportunidade real para demonstrar que eu estava capacitado para comandar.

O meu ano na Agência Estado foi muito interessante, porque eles tinham forte capacidade de entrega e de consolidar mais a presença dentro do mercado.

Isso foi acontecendo na sede da empresa e entre os profissionais do grupo. Durante a criação dos novos processos, participei de reuniões nas quais contribuí para aplicarem as mesmas fórmulas de gestão, de retorno de capital, de imagem, de configuração de uma equipe adequada para aquele volume de venda. Já eram processos oriundos da experiência de ter criado uma empresa.

Foi muito bom somar tudo isso a um time de profissionais experientes em uma empresa embasada numa máquina de sucesso, que era a Broadcast, dirigida por Rodrigo Mesquita. O momento não podia ser mais apropriado, pois era necessário provar que os outros processos dariam retorno aos acionistas e ampliariam a imagem institucional da firma, que era o braço digital do Grupo Estado, na época dirigido por Francisco Mesquita Neto.

## Novos horizontes

Nesse intervalo, fui convidado para ser diretor de uma empresa. A princípio não disseram qual era. Fui informado depois que se tratava da Bloomberg. No entanto, eu não desejava trabalhar na área comercial. Recebi também uma proposta para dirigir a área comercial da Reuters.

Meus atributos (ter saído do zero, ter comandado a venda para o jornal *O Globo* com o meu sócio, Toni, ter passado um ano na direção comercial da Agência Estado) já me credenciavam para algo maior. Tinha visão e sabia para onde ia aquele mercado, estava preparado para comandar.

## RICARDO DINIZ

Quando recusei a proposta, sabia que meu caminho não era ser diretor comercial, para depois virar presidente. Recusei a oferta, embora o cargo e o salário fossem muito atraentes.

### Oportunidade grande

No final de 1996, uma grande oportunidade surgiu. A Reuters me convidou para ser presidente. Procuravam um brasileiro que conhecesse o mercado de informações em tempo real. Eu conhecia bem esse mercado e o representava. Era a pessoa certa na hora certa. A Reuters havia comprado a Bridge, que era o provedor de dados de minha empresa. Eu havia trabalhado no jornal *O Globo* e no *Estadão*.

Fui o primeiro presidente brasileiro da agência, além de ser o mais jovem e o que ficou por mais tempo no cargo, de 1997 a 2012. Durante esse período, me tornei presidente da Reuters da América Latina, quando comandei 19 países, e presidente da Thomson Reuters, empresa do grupo com operações do México à Argentina, englobando os principais países da América Latina.

### A Korn Ferry

Fui contatado pela Korn Ferry, por meio de um grande amigo, Felipe Assunção, já falecido. A morte prematura dele, num acidente de lancha, foi uma perda enorme. Naquela época, como éramos muito próximos, ele me apresentou a Robert Wong, que era presidente da empresa de recrutamento. Quem fez o trabalho no dia a dia foram Ana Paula Chagas e David Ivy, que me levaram para a reunião com Tom Glocer, o presidente da Reuters América Latina, na época. A reunião aconteceu no Hotel Intercontinental, na alameda Santos, nos Jardins, em São Paulo. Foi uma conversa longa. No começo da semana seguinte, recebi uma ligação:

— Você vai para Nova York na próxima semana, estão te esperando para uma bateria de entrevistas — disseram.

Respirei fundo, ponderei a situação. Tinha compromissos, era funcionário da Agência, não podia deixar o trabalho. Disse que só poderia ir no fim de semana.

— Então você acaba de perder a oportunidade de ser o primeiro presidente da Reuters no Brasil — foi a resposta que tive. Pensei comigo: "Paciência, os meus valores estão acima dessa oferta."

Na semana seguinte, no entanto, recebi um novo telefonema:

— Ricardo, respeitaram sua posição de ser entrevistado num final de semana. — Respirei aliviado, pois assim estava eticamente respeitando o grupo em que trabalhava. — Você irá no próximo fim de semana.

**A maratona**

Na sexta-feira seguinte, à noite, embarquei para Nova York. Chegando lá, de manhã cedo, fui para o hotel, tomei um banho, vesti terno e gravata, desci para o lobby e fiz a primeira entrevista.

Fui entrevistado por Tacio Carvalho, que na época se reportava a Tom Glocer, *head* da América Latina. Depois saí para almoçar com o próprio Tom Glocer. Em seguida, no escritório da Instinet, que era a *broker dealer* da Reuters, fui entrevistado por Michael Sanderson, então presidente da Reuters Americas/ex-Merrill Lynch, e também por Tom Glocer.

No domingo, viajei para Westchester, na região onde moravam os outros diretores. Fui para um hotel, e outros altos executivos da Reuters também foram para lá realizar as entrevistas. Conversei com Patrick Burns, na ocasião diretor de RH; David Turner, CFO da América Latina e Graham Albott, diretor de tecnologia, e Tácio Carvalho.


## Uma parada necessária

Finalmente, na volta para Nova York, eu já não conseguia pensar em mais nada, discutir contrato, falar de negócios. Estava exausto. Antes de nos despedirmos, Tom gentilmente ainda me convidou para ir à casa dele, antes que eu fosse embora para o Brasil, mas só consegui me desculpar e agradecer por toda aquela atenção.

No caminho para o aeroporto, parei um instante no P. J. Clarke's, a famosa hamburgueria de Nova York. Entrei e pedi duas cervejas e dois hambúrgueres.

## Turbulência interna

Tomei banho no aeroporto, na sala VIP da companhia aérea, passei a noite no avião, desembarquei no aeroporto de Guarulhos de manhãzinha, peguei um táxi e logo parei no caminho, pois o *Estadão*, onde era meu escritório, ficava na Marginal Tietê.

O voo para São Paulo tinha sido tranquilo, sem nenhuma turbulência. Tentei dormir e descansar, sem sucesso, pois por dentro eu estava sofrendo do que poderia chamar de "turbulência interna". Mesmo assim, comecei a segunda-feira com a reunião de rotina no escritório da Agência Estado e a semana transcorreu sem maiores novidades.

## Ouvindo sinos

Na Korn Ferry, costumavam tocar um sino quando saía algum contrato. Quando fui contratado para ser o primeiro presidente brasileiro da Reuters, Robert Wong celebrou tocando o simbólico sino, como se fosse a fumaça branca após o papa ser eleito.

Depois de todo aquele processo em segredo, deram-me a notícia oficial no escritório: eu estava contratado. Ouvi sinos internos.

Nunca vou esquecer as palavras de Robert Wong:

— Ricardo, esteja preparado, pois este é o cargo mais solitário do mundo.

— Como assim?

— Vai ouvir muitas pessoas falarem de suas fraquezas, ansiedades e medos, mas você é o comandante.

Embora tivesse noção dos desafios que me aguardavam, naquele momento o que mais me tocou foi observar a motivação e a alegria de Robert Wong ao concretizar aquela contratação. Foi uma lição que eu levei depois para a gestão da Reuters, como contarei adiante.

Dei a boa notícia para minha esposa e meu pai.

Finalmente assinei o contrato e pedi férias: "Pelo amor de Deus, me deem trinta dias de férias."

## Detalhes a acertar

E pedir demissão da Agência Estado? Não foi algo fácil. Meu chefe não aceitou bem a decisão. Eu estava indo para uma multinacional, mas tinha compromissos com a Agência e precisava deixar o avião em condições de voo. Deixei os contratos em ordem, em cima da mesa, e me despedi. Tinha passado um ano na Agência Estado.

### Sétimo desafio: O mundo não para de girar

Há períodos em nossa vida, especialmente na área profissional, em que as coisas de repente parecem girar 180 graus. As mudanças parecem ocorrer numa dinâmica própria, sem que possamos nos deter a cada passo. Isso aconteceu comigo. Foi tudo muito rápido. Em dois anos, vendi minha empresa — a Meca — virei diretor e sócio do jornal *O Globo*, dirigi comercialmente a Agência Estado durante um ano e fui convidado para ser presidente da Reuters. Fui empreendedor, sócio de uma agência de notícias, executivo de um dos maiores grupos de comunicação brasileiros e finalmente primeiro presidente de uma multinacional no Brasil. Tudo isso antes de completar 40 anos.

Posso dizer que não foi um processo tranquilo e contínuo, sem altos e baixos. Passei por emoções e conflitos, suei frio e senti a boca seca, com ansiedades e medos. Enquanto uma oportunidade surgia e exigia grande empenho e desempenho, outro desafio já se desenhava no horizonte. No entanto, os fios iam se desenrolando: eu passara a trabalhar de maneira integrada nas diversas áreas de atuação para as quais me preparara: empreendedorismo, gestão, tecnologia, investimento e comunicação, todas na indústria de serviços.

O caminho natural para um executivo alcançar a presidência geralmente passa por cargos de direção, numa ascensão progressiva, degrau a degrau. Não foi o meu caminho. Depois de copilotar um avião a jato, que era a minha própria empresa, não queria pilotar um avião a hélice. Na verdade, ao ser convidado para a presidência da Reuters, estava indo para um Boeing. Na época, o Brasil ainda era muito fechado para o mercado internacional, o grande mercado era o interno. Na Reuters, teria a grande oportunidade de me internacionalizar; teria autonomia de voo. O contexto histórico e as circunstâncias desempenham também um papel importante, demandam sensibilidade para compreender e integrá-las a seus projetos pessoais.

**O mundo gira depressa, às vezes. É preciso apertar o passo com coragem para não perder o compasso. Em outros momentos, você verá, o mundo parece girar devagar. A paciência e a persistência, então, serão suas armas mais poderosas. Esteja preparado. A verdade é que o mundo não para de girar. Entre no ritmo.**

# 8. Enfim, CEO

Depois de tudo isso, precisava de um período de férias, mas as coisas não aconteceram exatamente como eu havia planejado. Mal tinha tirado alguns dias para ficar com a família, o telefone tocou.

Tom Glocer, com sua simpatia, mencionou que havia alugado um flat em Nova York:

— Traga a família toda, seria bom já conhecerem o local onde vão viver!

Minhas filhas eram muito pequenas, o inverno estava rigorosíssimo. O que fazer? Fomos para Nova York.

O frio estava de matar naquele ano. Pensei: "Caramba! Como vou me adaptar?"

Comecei a ler os contratos e o código de ética da empresa, que era enorme e minucioso. Tom Glocer tirou férias. Fui me dar conta disso tudo quando me instalei na cidade. Tive dificuldades, passei por testes duros. As coisas eram muito difíceis e o idioma não ajudava. Os dias eram muito longos, eu fazia um

## 84 | RICARDO DINIZ

esforço grande para compreender quem era quem, quais os cargos ocupados por quem, as funções de cada um.

A agenda começava às 7 horas e não tinha hora para terminar. Às vezes eu acordava às 4 da manhã e ia para o aeroporto, passava o dia em Chicago e voltava, ou viajava para cumprir agenda internacional. Tinha dificuldade para dormir, dormia tenso. Além disso, ouvia a CNN para me familiarizar com a língua, não tinha tempo, não conseguia dar a atenção que a minha esposa precisava naquele momento. Sentia também muita saudade de casa. Foi um estresse enorme, uma espécie de exaustão mental.

Quando voltasse ao Brasil, devia desenvolver um plano de negócios para a empresa, para fazê-la crescer e reverter o resultado negativo. Mas em momento algum pensei em retroceder.

Quando retornei ao Brasil, só tive tempo suficiente para passar um dia em casa (era um sábado), ver minhas filhas, minha mulher (que tinha voltado uma semana antes), trocar de mala e partir novamente. No domingo, embarquei para Buenos Aires. Fui para uma reunião e passei uma semana na Argentina. A saudade de casa é algo muito forte, mas naquele momento precisei lidar com esse sentimento também.

Ao retornar dos Estados Unidos e de Buenos Aires, eu já sabia quem eram os *board members* e toda a linha principal de *managment*. Conhecia muitos executivos, diretores e presidentes, com quem tinha convivido quase diariamente, o que ajudou muito a acelerar meu processo de ambientação.

## Um escritório de divisórias altas

Em março de 1997, estava em São Paulo, em minha nova rotina de trabalho. Os escritórios da empresa ocupavam três andares de um edifício antigo na rua Boa Vista, no Centro. Eram salas escuras, delimitadas por altas divisórias, sem estrutura adequada para o trabalho, muito menos para receber visitas de clientes.

Comecei a procurar um escritório satélite para alugar. Identifiquei uma sala muito bonita na região da avenida Faria Lima. Seria um ponto de encontro, para visitas de clientes, para exposição de nossos produtos. Poderíamos fazer *happy hours*, atrair novos clientes, fazer reuniões e receber a imprensa.

Já tinha contratado uma diretora de RH, Margaret Marras. Saímos praticamente do zero. Fizemos um levantamento do perfil dos funcionários, começamos a estruturar cargos e salários, estabelecemos metas e fizemos a aplicação de bônus pela primeira vez. Passamos a implantar aquilo que ainda não existia.

Junto com Margaret Marras, vinha de Nova York Rafael Yasoshima, como diretor comercial. Assim começamos a construir uma operação que se tornaria um sucesso.

## Fogo! Chamem os bombeiros!

No dia 7 de abril, fui acordado no meio da madrugada por uma notícia terrível: a sede da Reuters estava em chamas. Saí correndo, ligando para todo mundo que conhecia.

Perguntei se alguém havia se ferido, me garantiram que não.

Liguei a seguir para Tom Glocer em Nova York. Eram 5 horas da manhã lá.

— Ricardo, o que está acontecendo?

— Um pequeno problema, o escritório está pegando fogo.

— Como? Devo ir para o Brasil?

— Venha.

No dia seguinte, ele estava aqui. Naquele momento, eu já tinha ligado para Pinheiro Neto Advogados, que nos acolheu no escritório deles. Tinha ligado também para a Bovespa, que nos ofereceu sua sala de clientes. Mandei nossos funcionários jornalistas para o Rio e para Brasília. Liguei para um amigo, Jorge Schreurs, presidente da Compaq, que nos arrumou computadores da noite para o dia.

## *Officeless*

Quando Tom chegou, fui pegá-lo de carro e saímos para procurar um prédio para a Reuters.

Ele ficou impressionado:

COMO CHEGAR AO TOPO NAS EMPRESAS | 87

— O Ricardo não espera nada, as pessoas dizem que estão em reunião nos prédios, ele entra nos condomínios, diz que é *officeless* [sem-escritório] e vai em frente. *You should see this guy!* [Você precisa ver esse cara!] Esse cara tem iniciativa, ele vai longe.

Finalmente arrumamos um prédio. Ficava na Marginal Pinheiros, perto da ponte João Dias. Não era a localização ideal, mas era muito funcional, moderno. Era o prédio certo no lugar errado.

Provisoriamente, passamos a trabalhar no Banco Real, no mezanino do prédio da rua Boa Vista. Eu tinha relações com o Gilberto Kfouri, diretor estatutário do banco, um amigo que me ajudou muito.

Com minha diretora de RH, Margaret Marras, comecei a fazer a seleção e a contratação dos novos funcionários e implementar os planos de carreira.

Foi a primeira vez que fizemos a distribuição de resultados. No primeiro ano, distribuiríamos 5% do salário anual de cada funcionário, se saíssemos do negativo para o positivo e se eles atingissem também suas metas pessoais. Pusemos em prática um plano e, em um ano e meio, cerca de 80% dos funcionários foram substituídos. Com uma seleção criteriosa, fomos atraindo pessoal preparado, com um nível de inglês perfeito e mais de uma língua (preferivelmente o espanhol).

O fogo acabou nos ajudando. Aos poucos fizemos uma oxigenação na operação, trazendo profissionais com experiência internacional. Fizemos um bom mix na composição internacional, entre brasileiros e estrangeiros, para extrair o melhor: usar a parte global e fortalecer a parte local. Com isso, foi possível implementar a avaliação de funcionários, o desenvolvimento de carreiras, o treinamento e a distribuição dos resultados. Implantamos um processo organizacional, um processo de reuniões e *follow-up* de clientes e uma lista de clientes-alvo para montar um *account plan* profundo de cada cliente-alvo. Começava assim a implantação da meritocracia.

Durante o período que sucedeu ao incêndio, passava o dia inteiro visitando clientes, ligando para clientes. Esse processo foi muito importante. Durante as primeiras 48 horas, não dormi, fiquei em vigília comandando, dizendo o que era preciso fazer. Precisávamos de um escritório novo, precisávamos contratar alguém responsável pelo escritório do Rio de Janeiro e tomar muitas outras providências.

Naquele momento inicial, tive a chance de mostrar que eu tinha a liderança nas mãos.


### Inglês, inglês, inglês

Contratei uma professora de inglês para aulas diárias, de manhã e à noite; a partir daquele primeiro período, continuei mantendo as aulas durante anos, a fim de ser fluente em inglês. Era Ana Cecília Ribas, proprietária da escola de inglês Bics. Depois, ela se tornou uma consultora, para apresentação de projetos e outros trabalhos específicos.

COMO CHEGAR AO TOPO NAS EMPRESAS | 89

O aperfeiçoamento da língua inglesa foi um dos pontos que mais me desafiaram nos meus primeiros anos como presidente da Reuters. Ao mesmo tempo em que meu chefe foi para o México aprender espanhol, inscrevi-me para um período de imersão em Londres. Ficaria morando numa casa de família, indo à escola de metrô e vivendo na cidade como um estudante, para adquirir de vez desenvoltura e fluência no idioma.

**Convivendo com Ms. Egleton**

Antes de aterrissar em Londres, o piloto nos informou, com pesar, que uma tragédia tinha acontecido. Era o dia 31 de agosto de 1997, quando lady Diana morreu, em um acidente de carro. A Inglaterra e o Reino Unido estavam em comoção.

Fui direto para a casa de Ms. Egleton.

Posso dizer que minha convivência com Ms. Egleton não foi propriamente um sonho, tampouco uma vida difícil. Imagine eu, um pai de família, presidente de uma multinacional, acostumado aos confortos de uma vida boa no Brasil, vivendo como um estudante em Londres.

Antes de me mudar, já sabia as regras da casa. Obedecer aos horários. Fazer a cama. Tomar banho sem deixar um pingo de água, nem uma peça de roupa fora do lugar, não fazer barulho ao chegar em casa. Nada de bagunça na casa. Algumas eram fáceis de seguir, afinal, eu era disciplinado e acostumado a seguir horários, e outras... nem tanto.

## 90 | RICARDO DINIZ

O banho era um problema. Ainda não comentei que sou bem alto, um tanto magro e não adaptado a banheiras pequenas. Regular a altura da água era um problema. Ou sobravam as pernas para fora ou o banho virava uma longa sessão de contorcionismo. Precisava tomar cuidado para não espirrar água para fora, pois não havia cortinas.

Fazer as dobras da roupa de cama também não era tão fácil assim, pois eu não tinha o hábito de dobrar lençóis e cobertores. Pelo menos não de forma tão meticulosa quanto a Ms. Egleton exigia, em seus vincos e dobras. Foi divertido, depois de aprender.

Minhas roupas deviam ficar empilhadas de determinada forma no guarda-roupa reservado para mim. Às vezes ria sozinho, ou bufava, ou resmungava, ou ria para não chorar.

Meu inglês deu um salto.

### Criando o editorial da Reuters em português

De volta ao Brasil, que eu acompanhava diariamente via e-mail e telefone, dei continuidade ao trabalho iniciado. Depois de reformulada a equipe de trabalho, tendo chamado os melhores profissionais do mercado e me cercado de pessoas de minha confiança, fui ultrapassando os obstáculos.

Eu seria o primeiro presidente da empresa com a missão de criar um editorial em português. Estava materiali-

COMO CHEGAR AO TOPO NAS EMPRESAS | 91

zando o plano de negócios para o lançamento do produto, o primeiro editorial em português da maior agência de notícias do mundo — um grande desafio.

Para montar o editorial, contei com a colaboração do editor-chefe da Reuters, Adrian Dickson. Argentino, ele estava havia muitos anos no Brasil e era um jornalista experiente.

Tínhamos uma equipe pronta de brasileiros que escreviam em inglês, mas precisavam passar a escrever em português, dentro do padrão Reuters. Começamos a contratar também novos jornalistas. Na época, brincávamos que esse padrão jornalístico era uma espécie de padrão McDonald's, pois deveria ter o mesmo gosto em todo o mundo.

As notícias deveriam ter manchetes que chamassem atenção, ter um conteúdo objetivo e preciso, passar por checagem, transmitir credibilidade e assim por diante.

Houve um treinamento intensivo com o pessoal que veio de fora, da Reuters, com duração de quatro meses. A produção devia ser padronizada para a nossa língua. O cliente precisaria perceber qual era o nosso diferencial, a qualidade da nossa informação, sentir que lia uma notícia da Reuters em português. Somente depois de todos esses ajustes a produção foi ao ar.

Havia, no entanto, um problema. Adrian Dickson estava se preparando para deixar o Brasil. Já estava no país havia muitos anos e deveria entregar o editorial a outro jornalista.

## 92 | RICARDO DINIZ

Tentamos primeiro contratar a jornalista Fatima Turci, mas não chegamos a fechar um acordo.

Precisávamos de alguém que cobrisse o mercado, que tivesse credibilidade. Pensei então em José Paulo Vicente, um excelente jornalista brasileiro que cobria o Federal Reserve (Fed), em Nova York, para a Reuters.

Finalmente, em 1998, lançamos nosso produto em português.

### Lançamento do editorial em português

Fizemos o lançamento do editorial no Brasil no restaurante Leopoldo, na Cidade Jardim, em São Paulo. Todos os editores foram convidados, os internacionais e também os brasileiros contratados. O evento foi muito concorrido e prestigiado. Havia tantos convidados que acabei rasgando meu discurso. Estava muito contente.

Ao começar a ler o texto que havia preparado, olhava fixamente para o papel à minha frente, mas só conseguia ler os nomes dos principais convidados e não ia adiante. Decorei aqueles nomes e, de repente, resolvi falar de improviso. Falei com o coração, agradeci a presença dos amigos, disse como me sentia naquele momento. Lembro que o discurso foi muito aplaudido. Pude sentir o prestígio da marca e o quanto o Brasil esperava aquela abertura para o mundo.

## Nem mamãe me entende

Um dia depois do lançamento do editorial, fomos celebrar com um almoço no restaurante Parigi, em São Paulo. Tom Glocer, Bernd Debusmann (o editor-chefe da Reuters) e eu estávamos na mesa, felizes e descontraídos. Falávamos de diversos assuntos, quando comentei com Bernd sobre a minha dificuldade em entender o seu inglês. Na Argentina, em outras reuniões, já tinham me alertado para não me importar com isso:

— Ricardo, ele é alemão, fala de um jeito arrastado, muita gente tem dificuldade para entendê-lo — dissera Tom Glocer. Mas eu me importava. E resolvi contar a ele diretamente. Ele simplesmente respondeu:

— *Even my mother can barely understand me. Don't worry!* — nem a própria mãe era capaz de entender o que ele dizia.

## Pombos-correio

Houve um detalhe durante a festa de lançamento do editorial que não posso deixar de mencionar. Além da profusão de champanhe, da excelência do jantar e da alegria dos convidados, a comemoração teve um momento muito especial, quanto soltamos pombas para comemorar. O acontecimento fazia alusão ao próprio nascimento da empresa, quando a agência de notícias fundada pelo barão Paul Julius Reuter usava pombos-correio para agilizar a transmissão de informações entre Berlim e Paris.

94 | RICARDO DINIZ

Vale aqui uma pequena digressão. Quando a Reuters foi fundada, em 1851, os pombos eram mais velozes que o trem postal e muito mais velozes que os cavalos. A rapidez da informação já era decisiva para as negociações nas bolsas de valores das principais praças europeias. O fato foi que o visionário barão inventou não apenas a transmissão de informações por via aérea, precursora dos satélites e da internet, mas também o conceito de *backup*. Um segundo pombo era enviado com a mesma informação.

Paul Julius Reuter, cujo nome de família era Israel Beer Josaphat, nasceu numa família judia, em 1816. Em 1845 mudou-se para Londres e converteu-se ao luteranismo. Em 1857 adquiriu a nacionalidade britânica. Os telégrafos logo acabaram substituindo os pombos-correio e uma linha de comunicação foi criada entre a Inglaterra e a França, através do canal da Mancha. Posteriormente, a linha foi estendida à Irlanda, onde se conectava aos navios que traziam e levavam notícias à América. A origem da Reuters e sua história estão bem-documentadas no livro *The Power of News*, do historiador Donald Read, publicado pela Oxford University Press, cuja leitura recomendo.

## Expandindo os negócios

Com a crise financeira asiática, que começou em 1997 e atingiu os países emergentes em 1998 e nos anos seguintes, dobramos o número de terminais em relação ao nosso planejamento. A necessidade de ter notícias instantâneas e de grande credibilidade tornou-se ainda mais crucial. A Reuters fez um investimento expressivo no UOL, por meio do seu fundo de investimento em startups, chamado Green House Fund. Podemos dizer que fomos a primeira agência internacional a entrar no mercado com um produto multimídia em idioma local, que já vinha com fotos anexadas às matérias em português. Fizemos um contrato para fornecer os serviços do BOL (Brasil On-line), um serviço de notícias para portais no Brasil. Foi o início de formatação dos pacotes, direcionados a cultura, esportes, economia e assim por diante.

**Fala aí, galera!**

Em certa ocasião, na Semana de Administração de Empresas, na FAAP, ministrei uma palestra denominada Novas Mídias, destinada aos alunos do último ano de Administração e do MBA. O objetivo era explicar como os sistemas informativos digitais influenciam os indivíduos, especialmente os jovens. Procurei mostrar como isso mudaria o futuro dos gestores corporativos.

Por já ter estudado ali, anos antes, subi ao palco de terno e gravata. Logo em seguida, porém, solicitei uma trégua ao diretor da faculdade para "tomar um ar", alegando estar um pouco tenso. Ao sair, pedi para as pessoas me aplaudirem, a fim de que eu ganhasse ânimo para voltar. E eles foram bem generosos ao atender o pedido.

## 96 | RICARDO DINIZ

Para surpresa geral, voltei de camiseta, jeans e sandálias Havaianas. Minha esposa e minhas filhas estavam na plateia e, logicamente, a princípio morreram de vergonha. Acharam que eu tinha pirado. Quando retomei meu posto, disparei uma saudação bem informal:

— Fala aí, galera!

No fundo do palco, haviam projetado uma imagem com o símbolo da Reuters, seu endereço eletrônico e a frase "A maior agência do mundo". O slide seguinte solicitava: "Batam palmas!" Em tom de brincadeira, assegurei: "Não vim aqui para vender nada." Mas é lógico que eles entenderam que eu já estava vendendo uma ideia e um conceito: a Reuters tinha os mesmos atributos da parte esclarecida e participante da juventude. Era uma empresa ágil, adepta da inovação e da precisão. Também tinha preocupação com os chamados hiperlinks, ou seja, com as múltiplas conexões explicativas e ilustrativas.

No caso dessa palestra, realizada na noite de uma sexta-feira, acredito que minha maior alegria foi ter visto, pela primeira vez, minha mulher e minhas filhas me assistindo num auditório. E logo percebi que elas estavam gostando da apresentação. Isso queria dizer que minha mensagem tinha relevância e que meu discurso estava bem-modulado, composto no código adequado. Não se tratava de conteúdo fechado, técnico, destinado a especialistas. Era, ao contrário, um testemunho vivo, que misturava o pessoal e o corporativo num processo aberto de difusão de conhecimento.

COMO CHEGAR AO TOPO NAS EMPRESAS | 97

Quem me ajudou muito neste novo conceito de apresentação em público e com muito treinamento foi João Galvão, da empresa The Plot Company. Na época ele ainda era sócio da SOAP. Criou uma maneira quase lúdica de contar histórias usando vídeos, com a finalidade de permanecerem mais tempo na mente do público.

### Ring the bell!

A motivação e o entusiasmo são combustíveis fundamentais para o sucesso de uma empresa. Então criamos uma motivação maior: um e-mail com um sino, o chamado *ring the bell*, transmitido via intranet para toda a empresa: tornou-se um produto nosso. Era o primeiro e-mail que eu abria no dia. Ele informava fatos positivos, celebrava nossas conquistas. "Que negócios fechamos? Quem participou? Em que área?" Era o zum-zum-zum dentro da empresa.

Quando saíram os primeiros *ring the bell*, muita gente começou a mostrar seu valor, não apenas o pessoal da área de vendas. Todas as pessoas que haviam contribuído para o negócio, fossem da área financeira, de tecnologia, de treinamento ou do jurídico, passaram a ter visibilidade e o seu mérito reconhecido. O setor de marketing se incumbia de verificar quem tinha participado do acordo.

Aquilo se iniciou com Robert Wong, com quem aprendi a importância de celebrar.

## Pole position

Numa empresa que lida com notícias em tempo real, credibilidade, exatidão, velocidade e capilaridade são fatores essenciais.

Uma notícia pode ser espetacular, uma foto pode ser inesquecível, mas de nada adianta uma informação ser precisa e veloz, se não chegar a todos.

Quando saíamos na frente e ganhávamos dos concorrentes, ou tínhamos uma informação que de fato impactava o mercado, imediatamente divulgávamos o feito, numa prática conhecida como *pole position*. Era um e-mail que circulava por toda a empresa, via intranet. Criávamos então um folder com a *pole position* e distribuíamos para os clientes.

A participação dos funcionários também era muito importante. Todo funcionário é também um vendedor em potencial. Muitas vezes, o funcionário chega em casa e o pai, a mãe, o marido ou a esposa comentam a respeito de uma imagem que viram na TV ou de uma notícia que saiu no jornal: "Olha que incrível!" É muito decepcionante ouvir logo a seguir: "Você não sabia?" Nunca deixei que isso acontecesse com meus funcionários.

## A importância do equilíbrio

Depois que me casei, e à medida que as crianças foram crescendo, comecei a ficar mais seletivo em relação aos convites que recebia e à vida social. Estar numa posição de evidência implica aceitar convites e cultivar relacionamentos. Minha esposa e eu nunca nos furtamos a sair e a condição financeira que tínhamos permitia contratar babás, para essas ausências. Por outro lado, eu sempre soube valorizar a vida em família. Estar à mesa de jantar com filhas adolescentes é fundamental.

Naquela época, quando tínhamos muitos compromissos, desenvolvemos uma espécie de estratégia para conciliar as duas exigências. Passei a jantar duas vezes. Comia a salada com elas, trocávamos ideias. Se saíamos para jantar fora, já íamos direto para o prato principal. Esse hábito estava tão arraigado que era comum eu ouvir:

— Pai, está aqui a sua salada!

Nos fins de semana, criamos o hábito de jogar tênis, um esporte que nos aproxima. Sempre fomos juntos ao cinema, temos programas comuns. Também passei a me organizar para tirar férias que coincidissem com as férias das crianças. Passei a tirar duas semanas de férias em janeiro, com as meninas, e duas semanas de férias em julho. Lembro-me de apostar corrida nos corredores de hotéis. Muitas vezes chegamos a trombar em carrinhos de camareiras! Aproveitei muito essas ocasiões com minhas filhas. Recomendo aos jovens: não deixem de curtir esses momentos em família. Há tempo para tudo na vida.

## Oitavo desafio: Ultrapasse as fronteiras

Sempre que começamos algo novo, as coisas parecem difíceis e avançamos à custa de grandes esforços. Meus primeiros meses como presidente da Reuters foram assim. Depois, olhamos para trás e podemos fazer uma avaliação daquilo que passou. Percebemos, com mais serenidade, que aquela foi uma fase de criação de rotinas.

Enfrente as novas rotinas e as dificuldades. Quando você se der conta, aquele momento já terá ficado para trás. Evite o tempo ocioso e as ruminações. Ocupe sua mente de forma positiva. Não dê chance para a cabeça ficar num embate. Cabeça desocupada é um inimigo empenhado em fazer com que você desista de seus objetivos. Ela alimenta pensamentos como: "Será que isso não é muito grande para mim?" ou "Será que eu vou conseguir vencer?". Olhe para frente, olhe para daqui a três ou quatro meses. O tempo terá passado da mesma maneira. A experiência é algo muito valioso. Um dia, olhando para trás, você vai perceber que as dificuldades que enfrentou faziam parte da criação de uma história. O mesmo aconteceu quando assumi a presidência da Reuters América Latina. Conheci um mundo novo. Precisei criar inúmeras rotinas novas. Ultrapassei fronteiras que nem sabia que existiam. É claro que valeu a pena.

# 9. Cruzando a linha de chegada

Em janeiro de 2002, tornei-me presidente da Reuters América Latina. Cruzar as fronteiras do Brasil foi uma vivência importante e inédita. Passei a ter responsabilidade sobre 19 países.

Não tínhamos a prática de convivência com nossos vizinhos latino-americanos. Conheci a diversidade de culturas.

Passei a viajar com uma frequência enorme. A América Latina é grande, as distâncias são longas. Estava no Chile, ia para o México, tinha uma reunião na Argentina e seguia para a Colômbia. Nossos escritórios ficavam em posições estratégicas. Aprendi a conviver com uma profusão de culturas e diversos modos de ser. Mudava de língua e de sotaque. Tive que me habituar a comidas, sabores e hábitos diferentes.

Percebi como nossos hábitos e tradições culturais são relativos. Precisei abandonar vários estereótipos e ideias preconcebidas. Foi um período de extraordinária riqueza e de muito aprendizado.

Também despendi esforço e precisei de empenho pessoal. Como no período heroico em Nova York, precisei ficar longe da família. Vivia de cidade em cidade, trocava de fuso horário, altitude, temperatura e pressão. Precisei me acostumar à nova rotina, trocando de aviões e de hotéis, desfazendo e refazendo malas, de reunião em reunião. Ficava tenso e exausto, dormia mal, tinha sonhos estranhos.

Precisei montar equipes e construir relações de trabalho em ambientes cuja dinâmica eu não dominava, em culturas que eram novas para mim.

Tinha ocasiões em que ria sozinho ou divertia os amigos, lembrando os mal-entendidos do meu espanhol, ou tentava refazer mentalmente o trajeto do aeroporto até o hotel em alguma cidade. Trocava os nomes das igrejas, das praças e dos restaurantes. Pedia os pratos errados, pois queria experimentar a culinária local e acabava me dando mal com algum legume estranho ou com o excesso de pimenta.

No fim, é claro, fiz grandes amizades, que conservo até hoje.

## Traçando um novo horizonte

Em 2008, antes da crise financeira internacional, numa oportunidade de se fortalecer nos Estados Unidos, a Reuters foi vendida para a Thomson. A Thomson, uma

COMO CHEGAR AO TOPO NAS EMPRESAS | 103

empresa canadense, era muito atuante nos Estados Unidos. A família Thomson passou a ter o controle acionário da empresa. Foi uma das maiores fusões nesse segmento, num acordo de US$18 bilhões.

Depois da fusão, a Reuters se tornou a Thomson Reuters. A nova empresa decidiu reter alguns talentos. Elaboraram um contrato comigo com uma cláusula de retenção, na qual eu me comprometia a não deixar a empresa antes de um período de dois anos, sob pena de perder um bônus significativo. Como eu também mantinha relações extraordinárias com o presidente mundial da companhia, Tom Glocer, não tinha intenção de sair naquele período. Tornei-me presidente da Thomson Reuters Latin America.

Os dois primeiros anos foram dedicados à integração perfeita das operações na América Latina, à integração de culturas e ao desenho de novos modelos organizacionais. A empresa tinha a meta de crescer na América Latina e fez várias aquisições nesse sentido nos anos subsequentes.

Consolidada a aquisição, chegou o momento de criar um plano de futuro para o crescimento da empresa, o chamado *four-year plan*.

**Mr. Fantastic**

Logo depois da fusão, participei de uma reunião em Nova York que acabou num clima de muita frieza. As demissões e o receio das mudanças deixaram os funcionários arredios e desmotivados. Sou latino-americano e senti o mal-estar. Sabia que um ambiente como aquele não iria colaborar com a integração e a dinâmica de trabalho que precisávamos desenvolver.

Tive um rompante de entusiasmo:

— Criamos a maior empresa do mundo nesse segmento. Temos que celebrar! Vamos dar as mãos! — E ainda acrescentei — *This is fantastic!*

Seja pela surpresa ou pela oportunidade de quebrar o gelo, as pessoas entraram no espírito da coisa. Sorriram. Deram as mãos.

Fiquei conhecido na empresa como Mr. Fantastic.

Um mês depois, Chris Perry, meu novo chefe das Américas, convidou-me para voltar a Nova York. Havia muitos e-mails de demissões, e a comunicação não fluía. Era preciso integrar as equipes das duas empresas.

Foram criados então o *Big wins mundial* e o *Ring the bell mundial*.

Aquele mesmo selo que mandávamos via intranet com os sinos ribombando, dando os créditos e méritos de todos que tinham participado de uma venda ou conseguido um novo cliente, passou a ser enviado em todas as filiais da Thomson Reuters, com resultados mais que animadores.

## Um novo plano

Naquele momento, comecei a desenhar a minha saída da empresa. Em 2009, recebi uma oferta de trabalho de um grande banco de investimento. Cheguei a conversar com

COMO CHEGAR AO TOPO NAS EMPRESAS | 105

André Esteves, Marcelo Kalim e alguns dos sócios do Banco BTG Pactual, mas as conversas não prosperaram.

Esse fato me fez pensar muito. Percebi que meu perfil se encaixaria bem na indústria financeira, o que disparou o gatilho de que eu poderia voltar às minhas origens. Não havia diferença entre sair da Reuters para um banco ou para a indústria de serviços. Eu tinha ficado fora do mercado financeiro durante muitos anos, mas gravitava pela Reuters dentro de vários segmentos, não só o financeiro, como o corporativo e o institucional. Gravitava num ecossistema muito abrangente, que girava em torno do mundo financeiro, do mundo da indústria de serviços. Aquela provocação foi muito importante. Na hora em que comecei a estudar o que faria no futuro, ao deixar a Reuters, isto é, o que eu planejava para meus cinco, dez ou 15 anos à frente, percebi que a indústria de serviços iria se perpetuar para sempre, independente da idade do executivo. Quanto mais você mantém as relações e presta um bom serviço, cria amarras para uma vida executiva mais longa.

Isso é algo que recomendo aos jovens. Não pense com imediatismo. Nem pense naquelas relações em que temos apenas o benefício momentâneo. Enxergue-as no longo prazo e renove-as durante a sua carreira. Como renovar? Você pode frequentar ou ministrar palestras, participar de reuniões ou eventos onde possa reciclar suas relações, participar de conselhos para ser sempre uma pessoa muito interessante. E que você sempre tenha ocupação. A mente ocupada e desafiada é interessante. Faz a vida pulsar nas veias.

106 | RICARDO DINIZ

## O *four-year plan*

Em 2010, encerrado meu *lock-up period* na Reuters, tive liberdade para dizer ao presidente mundial da empresa que, como já tínhamos passado pela fase mais árdua de transição, eu estava preparado para dar minha última contribuição: desenhar os próximos quatro anos de crescimento da empresa, deixando um legado para os funcionários.

Dediquei grande empenho na elaboração do chamado *four-year plan*, que seria entregue em 2011. Com isso, ficaria bem claro que eu estava deixando a empresa no auge.

Além de elaborar o projeto, procurei convencer a presidência da Reuters a realizar a reunião de apresentação no Brasil, mais especificamente no Rio de Janeiro.

Em janeiro de 2011, houve uma reunião de *managers* em Miami. Nos fins de tarde, Tom Glocer, muito hábil em mesclar trabalho com lazer, promovia uma espécie de torneio de tênis entre nós. Ele era fanático por tênis. Chegou a levar um treinador conceituado, o professor do ex-tenista Andre Agassi, para nos dar aulas, nos incentivar. Eu estava com um princípio de crise de hérnia de disco. Fui desafiado para um jogo com Tom Glocer. Ele perdeu e insistiu para fazer um novo jogo. Perdeu novamente, em dois sets. Só que, no fim do jogo, aconteceu o que não podia acontecer: minhas costas travaram. Contorcendo-me de dor, fiquei caído na quadra, sem conseguir me mexer.

Voltei para o Brasil e tentei todos os tratamentos disponíveis. A dor nas costas não cedia. Tomei remédios, cortisona, tudo que foi possível. Fiz de tudo para evitar a cirurgia.

Em março, quase não tinha condições físicas para trabalhar, não conseguia nem andar. Quando faltavam poucas semanas para realizar a reunião, marcada para abril, tive uma conversa séria com meu médico, Dr. Roberto Basile, um grande especialista em coluna. Ele me recomendou a cirurgia, garantindo que eu conseguiria me recuperar a tempo.

Na Thomson Reuters, cogitavam cancelar a reunião. Argumentavam que seria mais prudente, diante de meu quadro de saúde. Pensei: "Se cancelar, vou perder a chance de aprovar o plano. Mais do que isso, vou perder a oportunidadede fazer a minha saída da empresa no momento certo, com os próximos passos encaminhados para o melhor futuro daqueles que seguiriam com louvor os caminhos de Thomas Reuters." Eu sabia que a logística da reunião estava sendo preparada havia quase um ano.

A cirurgia foi muito bem-sucedida. No dia seguinte, não sentia mais dor, mas a recuperação exigia repouso e cuidados. Passei aquele período em casa, deitado numa cama especial, revendo planilhas e fazendo cálculos, para não perder tempo. Meu chefe veio ao Brasil. Ele ia até minha casa, eu permanecia deitado, e repassávamos os pontos principais da apresentação.

Tínhamos receio de que a reunião demorasse muito. Por isso preparei uma reunião exemplar, com horário para começar e para terminar. Cada diretor teria 15 minutos para dar uma visão geral de sua área e todos concordaram em não interromper e não ser interrompidos.

## Cidade maravilhosa

Estávamos prontos para receber os *board members* da Thomsom Reuters e o tempo no Rio de Janeiro estava esplêndido. A maior parte dos estrangeiros não conhecia o Brasil. Pareciam encantados quando foram convidados para conhecer a cidade, em um passeio de helicóptero. No dia seguinte, o governador do estado recebeu os executivos no Palácio Laranjeiras, residência oficial do governador, para um almoço. Essa visita e o tratamento que receberam impactaram muito os convidados. O Brasil passava por um momento econômico e político especial. Estava na mídia mundial, era o país da Copa do Mundo, e o Rio de Janeiro, a sede das Olimpíadas.

## Uma apresentação inesquecível

Fizemos a reunião no hotel Méridien. A apresentação foi impecável, com tempo cronometrado, planilhas bem-elaboradas e dados precisos. No começo da reunião, perguntei se todos concordavam em não ser interrompidos:

— Estão todos de acordo?

— Sim, é isso mesmo.

— Posso ser o árbitro e deixar as perguntas para o final?

— Certamente.

Tudo corria bem quando alguém levantou a mão, pedindo esclarecimentos. Era justamente o presidente da

Thomson Reuters. Não tive alternativa, a não ser lembrá-lo de nosso acordo:

— Por gentileza, não quero ser indelicado, mas nós combinamos de respeitar os horários, para não perdermos o foco.

— Perfeitamente, vamos adiante.

Mais tarde, fui cumprimentado por um membro sênior do grupo:

— Parabéns, essa foi a melhor reunião de que eu participei nessa empresa.

Logo depois da apresentação, a conclusão já estava clara: "O plano está aprovado. É aqui que vamos apostar o nosso investimento."

Outros fatores conspiraram a favor; tivemos sorte. Os convidados embarcariam de volta no mesmo dia para seus países de origem, estavam felizes com aquele astral, o tempo estava magistral, tiraram fotos lindas, estavam confiantes na economia brasileira. Sorte é uma coisa importante, mas ela também depende de você sempre atuar corretamente. Estava tudo preparado, encaminhado e houve muito trabalho para chegar àquele resultado.

Hoje conto com uma ponta de orgulho que, quando Ricardo Pinheiro, ex-responsável pela Reuters no Brasil, veio me conhecer, disse o seguinte: "Você está para a Reuters como o Jack Welch está para a General Electric." Gostei muito de ter escutado esse depoimento dele. Foi muito bom, principalmente porque sua chegada foi posterior à minha saída.

## Preparando a saída da Thomson Reuters

Num de meus últimos meses na Reuters, Tom Glocer ainda me perguntou: "Você não vê uma chance de trabalhar fora do Brasil?"

Pensei muito, mas cheguei à conclusão de que não queria sair do país. Seria mais cruel àquela altura da vida passar um tempo fora do Brasil. Em três ou quatro anos sobem pessoas competentes para cargos de diretoria ou presidência, e aí você está fora do jogo, quando voltar já estará desatualizado sobre quem é quem. Agradeci a oferta, mas respondi que gostaria de ficar.

Os seis meses que calculei para sair da empresa eram o tempo tradicional para um profissional com um cargo desse nível se realocar. Em agosto de 2011, comuniquei oficialmente que sairia da empresa. Tom ainda pediu que pensasse se queria algo mais dentro da companhia. Disse que estava realmente decidido a sair. Como a empresa tinha sido extraordinária, atendi ao apelo de ficar mais um pouco. Estendi minha permanência praticamente mais um ano.

No dia 8 de março de 2012, um jantar para 150 convidados, com a presença do presidente mundial da Thomson Reuters, Tom Glocer, marcou minha despedida oficial da empresa. Permaneci até o mês de junho no comando da operação da Thomson Reuters na América Latina e fechei com chave de ouro esse ciclo da minha vida profissional.

## Carteira de trabalho

Com a carteira de trabalho nas mãos, percorri as folhas preenchidas. Vi que a minha carteira estava carimbada desde que eu tinha 19 anos. Nasci numa família de classe média, em que os jovens naquela época começam a estagiar nos últimos anos da faculdade e entram para valer no mercado de trabalho depois de formados. Comecei a trabalhar logo nos primeiros anos de estudo. Minha vida sempre foi uma sequência ininterrupta de trabalho.

Quando iniciei minha carreira profissional, estava na moda uma camiseta com os dizeres: *"Slow down to see the world."* [Desacelere para ver o mundo.]

Considerei a possibilidade depois de anos trabalhando como alto executivo.

Contratei um coach pessoal, o psicólogo Leo Fraiman, para me ajudar a desenhar meu futuro. Não queria reinventar a roda. Queria usar meus pontos fortes, usar minhas habilidades, meus talentos de *team builder*, *relationship builder*, isto é, talentos para formar equipes, construir relações.

Concluí que estaria bem numa instituição que tivesse um grande nome, nacional e internacional, na qual eu pudesse fazer conexões.

Eu havia sido apresentado pela Reuters, anos atrás, antes da fusão, quando me tornei CEO Latam, aos antigos parceiros da DBM do Brasil, Vicky Bloch e seu futuro sócio Luiz Fernandes Visconte, na Vicky Bloch Associados, para um programa de coach profisssional.

## 112 | RICARDO DINIZ

Esse trabalho feito com Luiz Viconte foi determinante na preparação do que eu queria para meu futuro numa janela de 5 anos/10 anos. Segui o plano à risca, com o craque Luiz Visconte, que atuou como diretor de RH de empresas como Alcoa e Poliolefinas. Aprendi a ter mais foco, plano de ação, atuar tanto para fora como para dentro da empresa, ajudar aos outros colaboradores a também desenhar seus planos de futuro e seguir seus objetivos e planos. Difícil foi concentrar-me, preparar o plano, discutir, buscar sair das conversas circulares e ser mais objetivo e pragmático. Por isso recomendo sempre a quem almejar alcançar voos maiores, buscar sem dúvida a voz da consciência, que nunca é tão efetiva se formos confiar somente no nosso talento, e por que não, na arrogância de achar que sabemos tudo e perder essa chance de ouro para ser um melhor executivo, empresário, que no fundo se traduz num melhor ser humano.

Num mundo moderno, rápido de mudanças em ciclos anuais ou até semestrais, o executivo não tem tempo de perceber o que anda mudando o mundo num estalo de dedos, digo de dedos digitais. Compromete a carreira quem não buscar um olhar de fora e, se não perceber, deixará para trás sonhos que poderiam ser realizados através da experiência de quem já viu e passou por isso e se capacitou para preparar melhor aqueles que, com talentos pessoais, podem modificar suas empresas e seus padrões comportamentais.

Não queria apenas preencher minha carteira de trabalho ou dar uma satisfação à sociedade. Quando se alcança

COMO CHEGAR AO TOPO NAS EMPRESAS | 113

uma posição de sucesso, existe uma expectativa da sociedade. É frequente ouvir perguntas e sugestões de colegas, amigos e parentes. Mesmo com boas intenções, seja por curiosidade ou por hábito, as pessoas fazem perguntas, como: "Você vai parar de trabalhar?", " No auge da carreira?", "Você não é muito jovem?", "Vai se aposentar?".

Existem muitos mitos e estereótipos sociais que valem para o sexo masculino. Homens devem estar sempre trabalhando, fora de casa, formalmente. Meu primeiro impulso foi sair imediatamente de férias, queria viajar, mas acho que fiquei duas ou três semanas em casa. Estava vivendo o processo de transição com tempo, escolhendo quem ia visitar, com quem deveria falar. Naquelas duas semanas já não me senti à vontade no escritório de casa.

Dois amigos, Daniel Macquoid e Flávio Guimarães, imediatamente me ofereceram seus escritórios para trabalhar. Outros aconselhavam: "Saia de casa" ou "Homem em casa é complicado!". Isso é um clássico. Por maior que seja a casa, quando você vê uma vassoura ou ouve um aspirador de pó, acha que o aspirador quer aspirar você. Acha que está justamente onde a faxineira está precisando fazer a faxina.

### Eu, me aposentar?

A ideia de aposentadoria nunca tinha passado pela minha cabeça seja por questão de energia, seja pelo exemplo de meu pai, que sempre segui, seja pela necessidade de trabalhar e ainda de formar três filhos. Nos seus 80 e tantos anos, ele sempre foi um homem de uma lucidez impressionante. Cuidou do corpo a vida inteira, nadou, praticou atividade física. Tinha uma rotina muito regrada, não fumava, bebia muito pouco. Sinto uma tremenda inveja do bem: como empresário, deu-se o direito de almoçar em casa, sempre comida saudável, e ainda tirar um cochilo após o almoço. Manteve a família unida, sempre ocupado, a par de tudo, tem uma fazenda primorosa, domina as etapas de produção do café: lava, seca, realiza todo o processo com orgulho, ordem e disciplina.

Cheguei a pensar em iniciar um período sabático. Por fim, concluí que era mais importante me sentir útil e começar a produzir. Fui a Londres e a Nova York, prospectar o que poderia fazer. Cheguei a ir a Palo Alto e ter uma conversa com uma empresa líder no setor de tecnologia.

Eu pensava em uma marca forte, na qual pudesse utilizar meus relacionamentos. Precisava entrar na ativa e começar a produzir, mas em algo que fosse utilizar minha capacidade de bem servir.

## O Bank of America Merril Lynch

O passo seguinte representou um grande desafio.

Tive um diálogo muito produtivo com Alexandre Bettamio, presidente do Bank of America Merrill Lynch. Já tínhamos conversado anteriormente. Ele procurava uma pessoa sênior, mas que tivesse energia e disposição. Alguém já com cabelos brancos, mas com a garra de quem saía dos bancos da faculdade.

Cheguei ao escritório às nove da manhã e saí às nove da noite.

Eu já tinha ouvido de amigos próximos:

— Puxa, mas esse negócio não é muito diferente? O que você tem a ver com banco?

No mundo moderno, temos vários exemplos de executivos com trajetórias semelhantes, como Antonio Maciel, um profissional que admiro muito. Ou Fabio Barbosa, um extraordinário executivo brasileiro, que migrou do mercado financeiro, dos bancos para a mídia, e para o Grupo Abril.

O banco é um prestador de serviço. Precisa ter clientes, que devem ser bem-atendidos, ser reconhecidos. O banco é uma empresa que necessita da ferramenta tecnológica e comunicar-se com o cliente.

Aceitei a proposta, evidentemente. Com o cartão de visitas, a equipe me chamou muito a atenção. O ingresso no Bank of America Merrill Lynch, um banco de investimentos, ampliou meu campo de ação. Passei a ter espaço para atuar em âmbito mundial, além das Américas. Estava tudo alinhado com o que eu planejara.

Só um detalhe me intrigou. Cá entre nós, onde ele viu os cabelos brancos?

## Nono desafio: Seja seu próprio *headhunter*

Mantenha contato com *headhunters*, faça network com *headhunters*, mas não deixe sua vida depender dos outros. O *headhunter* é muito bom, mas trabalha para o cliente, e o cliente já tece um perfil. Você também precisa usar sua rede de relacionamentos e ver onde você se encaixaria e em que empresa. Busque isso. **Não fique esperando o telefone tocar. Pode ser uma grande frustração. Talvez ele nunca toque, ou, se tocar, pode ser engano.**

Com o tempo, você se conhece melhor, vai ganhando mais maturidade. Tem que frequentar jantares, palestras, eventos, tem que ser visto. Não pode ficar acomodado, sentado, deixando o mundo passar. O mundo vive de networking. Nada substitui o olhar, a ida ao cliente. Quem tem esse poder tem uma vida muito longa, pode ir muito longe. Claro, tudo tem de ser atrelado à ética, à integridade.

Saiba usar sua imagem com disciplina, com muita ética, saber, para não desgastar. A sua melhor propaganda é você mesmo na frente das pessoas, entregando aquilo que se comprometeu a entregar, fazendo o serviço que se comprometeu a fazer.

Não espere sentado um convite para o emprego dos seus sonhos, não se acomode se estiver numa maré favorável. É importante estar sempre em movimento, interagindo com seu meio. Procure as melhores oportunidades. Se elas não estão à sua vista, crie-as você mesmo.

# 10. O topo da carreira, o que isso significa?

Os executivos que alcançaram sucesso costumam ser permanentemente inquiridos pelos mais jovens. Eles querem saber se existe uma fórmula que garanta o êxito na vida pessoal e nos negócios.

Francamente, acredito que algumas condutas podem efetivamente auxiliar nessa busca. No entanto, cada um tem um estilo, um modo de fazer as coisas. Talvez não exista um só caminho. E talvez o importante não seja exatamente o caminho, mas a maneira de trilhá-lo. Minhas conquistas são resultado de muita luta e determinação. Quando elegia um objetivo, eu procurava traçar um plano e segui-lo à risca, evidentemente atualizando-o aqui e ali, no decorrer do tempo. Posso dizer, portanto, que estabelecer um plano estratégico ajuda muito. Ninguém escala o Everest sem um plano. Ninguém atravessa o Saara sem um plano. Ninguém dá a volta ao mundo num barco se não tiver

118 | RICARDO DINIZ

um plano. Vontade é fundamental, mas essa energia precisa ser utilizada de modo racional e inteligente.

Também sei que não importa se você segue a rota A, B ou C. Ao botar o pé na estrada, convém adotar como companheiros de viagem a ética, a humildade e o respeito ao ser humano. Esses são os alicerces da minha vida. Sem essa base, qualquer vitória perderia o sentido.

Quando me perguntam o que significa estar no topo da carreira, as pessoas imaginam que a resposta virá traduzida em termos de poder, dinheiro, influência ou sentir-se superior aos outros. Ledo engano!

Claro que é bom conquistar estabilidade financeira, saber que seu trabalho teve impacto na vida das pessoas, influenciou os outros, rendeu bons frutos. Também é muito bom se sentir aceito na sua esfera social, manter bons relacionamentos, ter alcançado realizações importantes. Mas vamos ponderar.

Estou no meio do caminho. Comparo-me a um carro de 50 mil quilômetros. Considerando a medicina atual e os cuidados pessoais, posso chegar aos 100 anos. Preciso olhar para a frente, ao mesmo tempo em que já posso olhar para trás, pois já tenho um legado.

Entre outras coisas, viso novos objetivos. Um deles é relatar a minha experiência, trocar ideias com quem está começando e compartilhar meus sonhos. Para isso tenho feito palestras, entrevistas, participado de debates e de programas na mídia, conselhos do ICC (Câmara de Comércio Internacional), Instituto Millenium e trabalhos voluntários para Criança Brasil e Projeto Pescar e Coach de jovens.

Escrevi este livro para você. Por isso posso afirmar que, se seu sonho é ser presidente de uma grande empresa, você pode e vai chegar lá, como eu cheguei. Não vai ser fácil, vai levar tempo, vai depender de um pouco de sorte, mas principalmente de muita determinação e de muito trabalho.

## Presidente do YPO-Gold (Capítulo São Paulo)

Uma das coisas que aprendemos conforme ganhamos experiência é devolver aos outros e à sociedade aquilo que recebemos.

Há pouco tempo tornei-me presidente da Young President's Organization Gold, Capítulo São Paulo (YPO-Gold) no Brasil. Essa organização sem fins lucrativos é uma rede de líderes empresariais de mais de 125 países, cujo objetivo é a educação continuada e a troca permanente de experiências.

Meu desafio é inspirar os jovens que vêm crescendo dentro da YPO, para que perpetuem o grande legado da entidade, que são seus valores, como a ética, a integridade, a honestidade, entre outros.

Ingressei na YPO em 1998. Antes de ser presidente do Capítulo São Paulo, fui diretor financeiro entre 2005 e 2007, e diretor de educação da mesma entre 2013 e 2014. Como diretor de educação, ajudei a criar um modelo de reunião presencial, que pode servir como alternativa para reuniões exclusivamente via internet, algo importante para reforçar o engajamento e o comprometimento dos membros.

120 | RICARDO DINIZ

Atualmente, o pré-requisito para ser indicado a participar dessa organização é ser presidente até os 44 anos. Quando me indicaram para ingressar no YPO, o pré-requisito era ser presidente/CEO antes dos 40 anos.

Atualmente, como minha responsabilidade executiva é o Brasil, posso retribuir ao YPO aquilo que obtive ali. Aceitei essa função com muito orgulho. Nessa organização, tudo é meritocrático, e sempre passamos por avaliações.

## Equilíbrio, equilíbrio, equilíbrio

Quando saí da faculdade, eu tinha orgulho em dizer que não tirava férias havia quatro anos e que permanecia na empresa por 14 horas seguidas. Isso é uma grande bobagem. O que precisamos hoje é de precisão e de qualidade. Precisamos trabalhar menos e gerar mais resultados. Ao mesmo tempo, devemos construir relações mais sólidas com a família e com os amigos. Essa dimensão da vida pessoal, aliás, é importantíssima na reciclagem do indivíduo. Quem se fecha no casulo da empresa acaba por perder o desenrolar dos acontecimentos gerais e a visão panorâmica do mundo. O *workaholic* se desatualiza rapidamente e, muitas vezes, se torna obsoleto. Os executivos que realmente sabem inovar e rejuvenescer empresas precisam andar pelas ruas, ter uma atividade física, praticar algum esporte, sair para jantar, ir ao cinema e ao teatro, ler bons livros e viajar pelo mundo. Atualmente, esse profissional dinâmico tem muito mais valor do que aquele maluco que continua a trabalhar à noite no escritório, de cara amarrada, debruçado sobre problemas que o cansaço já não lhe permite solucionar. Esses devotados masoquistas acabam minando a própria autoestima. Acabam se julgando mártires, vítimas, e não conseguem acompanhar a velocidade das mudanças. Esse paradigma de sofrimento laboral não funciona mais e não sensibiliza mais os grandes líderes empreendedores.

Insisto, como sempre faço, num paradigma. O ideal para o profissional, tanto na área de gestão quanto na de comunicação, seria trabalhar menos e produzir mais, repetir menos e aprender mais, desgastar-se menos e gerar mais valor para si mesmo, para a empresa, para os acionistas e para a coletividade.

## As relações humanas, sempre elas

Uma das coisas que mais me encantam é poder tratar bem as pessoas que mais precisam, as que mais sofrem, aquelas que costumam ser invisíveis aos olhos dos outros. Hoje, ao chegar à porta do elevador, cedi a passagem para as pessoas: "As mulheres na frente", disse. Dois senhores, que estavam no grupo, comentaram: "O senhor é muito educado. Nem todos são assim."

O sorriso das pessoas me faz bem. Sei que o trabalho de todos, mesmo dos funcionários que têm os postos mais simples, as faxineiras, as copeiras, os encarregados da manutenção, fazem a equação funcionar em equilíbrio. As relações de trabalho começam sempre pelo lado humano.

## Mantendo a mente saudável

Em minha trajetória, tenho procurado manter a mente sã. Valem muito a oração, a reflexão e a meditação. Dez minutos, todos os dias, são suficientes para gerar uma aura positiva, que me garante paz e serenidade.

Também posso dizer que nunca me fiei em perfeição. Ela não existe. E muita gente perde o bom procurando obsessivamente a utopia do perfeito. Isso serve para o trabalho, para o casamento e para as amizades. Problemas e desacertos sempre farão parte de uma relação humana. O importante é que tenhamos disposição para restaurar o equilíbrio e a harmonia.

Nesse particular, é sempre importante procurar entender as razões do outro. A intransigência e o rancor destroem relações e criam obstáculos no caminho. A compreensão e, por vezes, a resignação permitem seguir em frente. Lidar com a adversidade torna a vida mais rica. É assim que aprendemos. É assim que ensinamos.

Histórias de pessoas que dão a volta por cima devem ser difundidas. Elas servem de exemplo e inspiração para os que procuram encontrar um sentido claro para a vida.

Se olharmos para trás, encontraremos incríveis histórias em que um propósito foi fundamental à realização pessoal, à promoção do bem-estar familiar ou ao desenvolvimento da civilização.

Em nossas famílias, muitas delas de imigrantes, encontraremos casos fantásticos. O trisavô português que venceu a pobreza e se tornou um próspero comerciante; o bisavô sírio que superou uma doença e montou uma indústria; o avô

COMO CHEGAR AO TOPO NAS EMPRESAS | 123

japonês que saltou a barreira da língua e constituiu um vasto empreendimento agrícola e tantos outros exemplos. Essas narrativas não podem ser esquecidas. Elas devem ser, desde cedo, reproduzidas para as crianças e para os mais jovens.

Hoje, a classe média se expandiu tremendamente e muitos de nossos filhos e netos não precisam ralar e suar para sobreviver. Desde cedo, aliás, tentamos poupá-los de alguns dos sofrimentos vividos por seus antepassados. Essa conduta, logicamente, é uma virtude. Mostra generosidade, exibe amor. Não podemos, de forma alguma, privá-los desses exemplos. Eles precisam saber exatamente de onde vieram. Precisam conhecer as origens das riquezas familiares, sejam elas tangíveis ou intangíveis. Precisam aprender a valorizar o que têm, do teto sobre a cabeça à oportunidade de cursar uma boa escola.

Quem conhece o passado pode evitar a repetição do erro. Quem conhece o passado pode reprisar a fórmula do acerto. Uma viagem ao passado familiar, de forma especial, pode estabelecer no jovem um conceito de propósito.

Com certeza, essa educação do diálogo e do exemplo se desenvolve num ambiente de carinho e amor. É muito instrutivo falar do avô, que comia pão com ovo e economizou o dinheiro da condução para montar a primeira empresa da família. Mas essa lição não deve vir acompanhada de condenações e comparações impróprias. O avô não deve ser uma inspiração para o sofrimento, mas sim para a superação. Pode se tornar um exemplo, um mentor, um orientador. O jovem não precisa passar pelas mesmas privações para ter um propósito e seus mais altos valores, como a dedicação, a ética e o respeito.

## 124 | RICARDO DINIZ

Não basta, portanto, contar boas histórias. É preciso saber contá-las e adaptá-las às exigências contemporâneas. Os pais zelosos estabelecem essa ponte entre as conquistas dos antepassados e aquelas que desejam para os filhos. Essa é a boa fórmula. Assim ajudamos a estabelecer vidas com propósito.

### O lado espiritual da vida

Há quem diga que orações não valem nada, que nada agregam, que fazem parte de um modelo de mitos e superstições. Muitos jovens, policiados pelos colegas, sentem até mesmo vergonha de expor suas convicções religiosas.

Posso dizer que qualquer crença, desde que baseada no amor e no acolhimento, é capaz de iluminar, confortar e motivar o espírito humano. A religião, quando praticada sem fanatismo, é capaz de "religar" o indivíduo com o todo universal. Dessa forma, ela revela, em vez de alienar; ela integra, em vez de isolar. Muitas pessoas não vão a templo algum. Não se dizem budistas, católicas ou espíritas, mas são profundamente religiosas. Isso quer dizer que conseguem estabelecer uma ligação permanente e autêntica com o todo.

Quando eu era muito jovem, via como inimigos aqueles que não estavam de acordo com minhas ideias. É claro que hoje não penso mais assim. As experiências vividas e o treinamento constante mudaram minha maneira de pensar. Aprendi a ser tolerante e a respeitar o pensamento

COMO CHEGAR AO TOPO NAS EMPRESAS | 125

divergente. Cultivar inimigos consome nossas energias positivas. Sejam eles reais ou aqueles que existem apenas em nossa imaginação. Qualquer que seja a situação, encorajo amigos e colegas a usar as orações e a desenvolver o pensamento positivo.

## Trabalhar com prazer e viver em paz

O que significa trabalhar com prazer? Trabalhei muito pelo tal *have fun*. À primeira vista, isso soa um pouco superficial, como se fosse a visão que o norte-americano tem do trabalho. Nada disso. Trata-se de certa leveza, de trabalhar com alegria, como era o mote do empresário José Mindlin, citando uma passagem do filósofo Montaigne.

Posso dar um exemplo: faz poucos dias, liguei de casa para minha secretária. Disfarçando a voz, perguntei: "Ricardo Diniz já chegou?" Ela respondeu prontamente: "Ainda não, senhor. Quem deseja falar?" "É Ricardo Diniz, senhora!" Ela caiu na gargalhada. Sei que é uma pequena molecagem (talvez ela até tenha desconfiado que era eu!), mas alegra o ambiente, torna o dia a dia mais leve. O mundo corporativo costuma ser sisudo e hostil. A secretária que contratamos comentou: "Todos os dias você está com esse astral!"

Ontem o dia estava lindo, ensolarado. Hoje o tempo está feio, chuvoso, mas é bom para as plantas, o ar está mais limpo. É bom gostar do ambiente de trabalho, gostar das pessoas. Usar o bom senso, ter calma. É importante alimentar as relações, cultivar a arte da paz.

## 126 | RICARDO DINIZ

Na realidade, são coisas simples que aprendi com minha mãe: se você não tem nada de bom para falar sobre alguém, não fale nada. Cada vez mais, vou prestando atenção a esses ensinamentos.

Um dia desses, acordei com dor na coluna. Poderia me queixar: "Minha coluna é horrível." Não, não é verdade. Minha coluna é ótima! Vou voltar a fazer exercícios, andei abusando um pouco, vou me cuidar mais. Isso se aplica a tudo na vida. Você pode se expor financeiramente, se descontrolar nos seus gastos. Mas isso não significa que não tenha aptidão para ser bem-sucedido.

### Uma jornada de aprendizado

Aprendem bem aqueles que cursam uma faculdade, que têm uma formação acadêmica sólida. Mas aprendem melhor aqueles que, na sequência, enfrentam a dificuldade. Foi o meu caso. Naquela época em que estava começando, os equipamentos eram precários, as linhas de transmissão não eram confiáveis, os softwares precisavam ser inventados e nem todos os clientes tinham a paciência como virtude. Para completar o quadro de adversidades, lidávamos com um cenário macroeconômico adverso, marcado pela inflação e pelos planos governamentais mirabolantes.

Se tudo era complicado e difícil, considerei que as lições seriam bem gravadas e me seriam muito valiosas no futuro. Resolvi aprender enquanto fazia, pois há muita

COMO CHEGAR AO TOPO NAS EMPRESAS | 127

gente que se perde e se imobiliza em ciclos intermináveis de planejamento. Acredito que meu trabalho, da antiga Meca até os dias de hoje, reúne bons exemplos de ação empreendedora e inovadora.

Procurei, digamos, "catalogar" cada experiência e tirar dali um ensinamento.

Ao iniciar este livro, um jovem roteirista me fez uma pergunta tão pertinente quanto perturbadora:

— Afinal, Ricardo, por que você fez tudo isso?

Depois de refletir muito, creio que parte da resposta está naquele sonho de criança. Eu queria me destacar da multidão, fazendo algo que pudesse ser benéfico para mim, para minha família e para a sociedade. Nesse percurso, tenho visto muitas oportunidades fáceis, muitas chances de pegar atalhos pouco éticos. Há ofertas tentadoras, que se estendem do território do trabalho para o território dos prazeres. Felizmente, tenho seguido o caminho reto. Se é reto, ele economiza tempo, reduz o espaço percorrido até o alvo. Talvez, então, a resposta à indagação do sábio rapaz seja bem simples: tenho feito o que faço porque vale a pena ser bom.

Durante toda a vida, busquei descobrir minha missão e realizá-la. Errei, acertei, errei de novo, corrigi e fui em frente. E, a cada tentativa, o número de erros diminuía, cedendo a uma quantidade maior de acertos.

Agora, algumas palavras para finalizar. Quando eu era jovem, não tinha uma história para contar. Hoje, bem mais adiante no caminho, eu já tenho uma história.

Nunca desisti, nunca me abalei, nunca me amargurei, mesmo nos momentos mais difíceis. Deus me deu esse dom, de me renovar a cada dia que me levantasse. Esse é um valor que posso passar a você.

---

### Décimo desafio:
### Trabalhe com prazer e viva em paz

Talvez seja necessário recuperar alguns prazeres dos velhos tempos. Quando era criança, o legal era chegar da escola, botar um short, um tênis velho e sair para jogar bola na rua. Ali se criava, também, sem mediação de qualquer dispositivo eletrônico, uma experiência espetacular de comunicação e aprendizado. Ganhava-se em sabedoria com cada joelho ralado. A discussão sobre um gol polêmico desenvolvia habilidades argumentativas ou conciliatórias.

Obviamente, temos hoje muitos carros nas ruas, além da ameaça da criminalidade. No entanto, é curioso ver que mesmo as áreas de lazer super seguras dos condomínios permanecem silenciosas nos finais de tarde. A molecada prefere gastar a energia diante da tela do computador. Amigos vizinhos preferem se falar pelo WhatsApp a jogar vôlei na quadra do prédio. É um paradigma que pode e deve ser mudado.

O que ocorre com as crianças e adolescentes também acontece com os adultos. Ficar diante da TV ou do computador, depois de um dia sedentário cheio de problemas no trabalho, pode ser levar uma vida equilibrada? Faça essa pergunta a você mesmo! O trabalho não é o *outro* lado da vida. É no trabalho que você passa a maior parte do seu dia. Portanto, é no trabalho que você precisa se sentir bem, criar uma relação boa e positiva com as pessoas, relevar os pequenos obstáculos, ter uma visão integral do que acontece à sua volta. Saber pedir desculpas; perdão é uma palavra mágica que, se praticada, abrirá as portas do tão almejado "viver bem". Como dizia Tristão de Athayde: "Viver bem é se surpreender com tudo e com todos."

# Apêndice 1

## 50 tuítes de Ricardo Diniz

1. Se eu voltasse a ter 17 anos, cursaria administração de empresas direto, e não faria engenharia, que era o desejo do meu pai.

2. Aprender não é colecionar informações. Aprende quem estuda melhor. Mais do que nunca é preciso aprender a aprender.

3. Se você não tem paciência para teste vocacional, busque conhecer o trabalho de pessoas próximas de você que têm o sucesso: pai de amigo, conhecido, vizinho. Explore, pergunte, investigue.

4. Você é jovem? Se é tão destemido, por que tem medo de trocar ideias com os mais velhos?

5. É preciso ter um propósito na vida. Mas, se você ainda não sabe qual é o seu, não se desespere: você é uma pessoa normal.

6. Se você tem um sonho, coloque-o no papel. Ali, ele já começa a se materializar.

7. Faça planos para 5/10/15 anos, registre-os por meio da escrita. Confira-os regularmente, aprimore-os, siga-os com disciplina.

8. Pegue caneta e papel. Imagine seu futuro. Descreva o indivíduo que você vê em dez anos, em trinta anos. Você topa se transformar nessa pessoa?

9. Duas graças divinas: uma quando nascemos e a outra quando entendemos "por que e para que viemos nessa vida". Que propósito é esse.

10. Se todo mundo sai pra balada e volta bêbado às 7h, caia fora de todo mundo. Junte-se a quem tem limites.

11. Você é exatamente essa pessoa, especificamente essa pessoa. Você não precisa ser todo mundo.

12. O mundo muda e premia quem não é submisso. Saiba mudar com o mundo. Aprenda a mudar o mundo.

13. Cuide desse corpo e dessa mente. Você vai passar o resto da vida aí dentro.

14. Não deite torto na cama, não leia no escuro, não tome sol em excesso. Respeite a pessoa que você vai ser um dia.

15. A vida é curta, por isso mesmo vale a pena investir em quem você será depois da juventude.

16. Se for mudar o mundo, aproveite e mude-o para todo mundo.

17. Steve Jobs inovou no *template* (o modelo para produzir conteúdo nas apresentações digitais). Você pode

COMO CHEGAR AO TOPO NAS EMPRESAS | 133

mudar também na interface física. Existe vida fora do computador.

18. Mude o mundo, não importa que seja numa vírgula ou numa interrogação.

19. Tem metas? Revise-as diariamente no território da razão. Para organizar a casa, organize primeiro a mente.

20. Visite diariamente seus objetivos. Pratique mentalmente o trajeto até chegar a eles. Funciona! Não se atingem seus objetivos sem dose de sacrifício.

21. Quer montar uma empresa vencedora? Quer descobrir a cura de uma doença? Antes de tudo, estude, prepare-se, percorra esse caminho na trilha da mente.

22. Não importa a sua área de atuação. Você só avança se fizer os movimentos certos. Como o bom tenista, treine, treine e treine mais.

23. Movimento repetido vira movimento automático. Quando é automático, é certeiro. Você não precisa mais se preocupar com ele. Recomendo aqui a leitura do livro *Fora de série — Outliers*, do jornalista britânico Malcolm Gladwell.

24. Obstinação não é pecado. Portanto, seja obstinado, mas respeite os direitos de quem você encontrar pelo caminho. Nossas vidas são resultados de nossas escolhas.

25. Você é pai? Não se distancie do seu filho. Vá com ele ao mundo do Facebook e do Twitter. Vergonha é ser ausente.

26. Você é pai? Conecte-se de modo criativo. Que tal estabelecer um grupo familiar no ambiente virtual?

27. Sem essa de "no meu tempo". Seu tempo é agora! O "seu tempo" é aquele em que você vive e interage com os semelhantes.

28. Viva agora, mas não deixe de investigar o futuro. É lá que você vai passar o resto da sua vida.

29. Como você se considera um pai se não transmite valores a seus filhos? Dinheiro, conforto e segurança não bastam.

30. Dê valores e seus filhos poderão desfrutar da liberdade.

31. Ser jovem hoje é diferente de ser jovem em outra época. As cores, ritos e sons mudam. É natural. No entanto, preserve os princípios.

32. Seus filhos estão ultraconectados, têm mil amigos, mas sentem falta de você. Confira!

33. Por vezes, separações são inevitáveis. Paciência. Mas lutar para ter uma família unida e harmoniosa é algo muito louvável. Recomeçar é um direito de todos.

34. Erre, mas corrija seu erro! Se outro errou, veja se é possível e conveniente corrigir. Se tiver grandeza de espírito, perdoe!

35. Peça desculpas, agora mesmo! E sinta o prazer da liberdade.

COMO CHEGAR AO TOPO NAS EMPRESAS | 135

36. Já confessou o erro? Agora, viva mais leve. Oxigene o corpo e a mente. Respire. E faça de novo, direito.

37. Seja íntegro, autêntico e amigo. Se proceder assim, o caminho vai ser menos pedregoso, mesmo que mais longo.

38. Viva hoje como se a vida se resumisse neste dia.

39. Já não é possível fazer uma coisa apenas, mas faça menos coisas. Faça menos, mas faça melhor.

40. Não deu certo? Deixe o fracasso estacionado neste dia. Amanhã você tem outra chance, e carrega na bagagem a experiência.

41. Olhar para frente é fundamental. Mas só vai longe quem olha também para os lados. Mire a pista, mas entenda o cenário.

42. Você é pai de verdade? Ensine, mas corrija. Ouça, mas fale. Encoraje, mas discipline. Abra horizontes, mas imponha limites.

43. Ensine seu filho a ter coisas e ideias no lugar. O sucesso, às vezes, é menos resultado do talento que da organização.

44. Profissão ideal é aquela que gera satisfação e, ao mesmo tempo, recursos para uma vida digna.

45. Paradigma atual: Ser Humano quer ser respeitado e amado. Para isso tem que respeitar e amar.

## 136 | RICARDO DINIZ

46. Por vezes, o acaso nos exibe oportunidades. Tenha planos, sim, mas esteja atento ao imprevisível.

47. Julio Iglesias queria se tornar goleiro. Tornou-se um dos mais prestigiados cantores de seu tempo. Qual é o seu talento, afinal?

48. Algumas pessoas acreditam não ter sorte. Muitas delas apenas não a perceberam.

49. Habilidades podem ser descobertas, mas precisam ser desenvolvidas. Preguiça e comodismo não fazem campeões.

50. Trabalhe, tenha fé, princípios, senso crítico, humildade e determinação. Assim, poderá contar com a conspiração cósmica a seu favor.

# Apêndice 2*

## Programa espiritual**

Você agora vai conhecer um poderoso programa espiritual. Recebeu este nome porque contém 63 afirmações que deverão ser feitas durante nove semanas seguidas. Essas afirmações podem transformar qualquer situação aflitiva em vitória pessoal para você. Peritos espirituais afirmam: se você fizer essas afirmativas durante nove semanas ininterruptas, no final, já terá alcançado a graça que almeja.

**Atenção — importante:**

Não ponha em dúvida os conceitos aqui apresentados. Há em nosso espírito todos os recursos de que necessitamos para a solução de nossos problemas. As ideias estão presentes em nosso inconsciente e, quando libertadas pela força da oração, podem conduzir-nos ao êxito de qualquer projeto.

---

*Todos os textos que apresento aqui são textos que leio há anos, num ritual já incorporado diariamente. (*N. do A.*)
**Retirado do livro *Novos caminhos, novas escolhas* (Abílio Diniz, Editora Objetiva, 2016). (*N. do E.*)

138 | RICARDO DINIZ

**Para receber as graças que almeja, faça três coisas:**

1. Pergunte a si mesmo: O QUE DESEJO É JUSTO?

Se puder responder a essa pergunta afirmativamente, faça então a Deus a seguinte oração:

"SENHOR, TU PODES TODAS AS COISAS, TU PODES CONCEDER-ME A GRAÇA QUE TANTO ALMEJO. CRIA, SENHOR, AS POSSIBILIDADES PARA A REALIZAÇÃO DE MEUS DESEJOS, EM NOME DE JESUS, AMÉM."

2. Imagine depois firmemente que seu desejo vai se materializar. Crie em sua mente a imagem de seu desejo realizado.

3. Coloque nas mãos de Deus esta questão e siga as orientações do Todo-Poderoso. Pratique a crença e continue a sustentar no pensamento o que idealizou. Faça isso e ficará surpreso com os caminhos estranhos por meio dos quais se materializará seu ideal.

Observação: a oração contida no item 1 deverá ser repetida diariamente, várias vezes, tantas quantas for possível repetir. Aproveite todos os momentos disponíveis para fazê-la. Concentre-se por alguns segundos e repita com fé.

Nas páginas seguintes, você tomará conhecimento do programa espiritual que deverá desenvolver.

COMO CHEGAR AO TOPO NAS EMPRESAS | 139

Leia todas as afirmativas de uma vez para gravar o conteúdo delas no espírito.

Depois, começando por um domingo:

A – Leia uma de cada vez.
B – Procure memorizar o que leu.
C – Durante o dia, repita a afirmativa além de gravá-la no espírito.
D – Afirme depois que acredita na veracidade de suas palavras.

AS SETE PRIMEIRAS AFIRMATIVAS FORAM FEITAS POR JESUS. SÃO AS MAIS SÁBIAS E VERDADEIRAS ATÉ HOJE PRONUNCIADAS, NÃO DUVIDE DELAS.

### 1º dia — Domingo

Se pedires, Deus te dará. Se buscares, Deus te fará encontrar. Se bateres, Deus te abrirá a porta, pois tudo o que pedes recebes de Deus, o que buscas encontras em Deus, e a quem bate, Deus abrirá todas as portas.

### 2º dia — Segunda-feira

Em verdade vos digo... se dois de vós sobre a terra concordarem a respeito de qualquer coisa que desejardes pedir, isso será concedido por meu Pai, que está nos céus. Porque, onde se acham dois ou três reunidos em meu nome, ali estou eu no meio deles.

Mateus 18:19–20

### 3º dia — Terça-feira

Por isso vos digo: tudo quanto pedirdes em oração, crede que recebereis, e assim será para convosco.

Marcos 11:24

### 4º dia — Quarta-feira

Se tens fé, cumpre saberes que tudo é possível àquele que a tem.

Marcos 9:23

### 5º dia — Quinta-feira

Não te disse que, se creres, verás a glória de Deus?

João 11:40

### 6º dia — Sexta-feira

E tudo quanto pedirdes em meu nome eu o farei, para que o Pai seja glorificado no filho. Se pedires alguma coisa em meu nome, eu o farei.

João 14:13–14

### 7º dia — Sábado

Se vós estiverdes em mim e as minhas palavras estiverem em vós, pedireis o que quiserdes e vos será concedido.

João 15:7

COMO CHEGAR AO TOPO NAS EMPRESAS | 141

Observação: fim da primeira semana. Agradeça a Deus pelas palavras orientadoras, confortadoras e inspiradoras de Cristo. Releia as suas palavras mais uma vez antes que o dia termine.

As sete afirmações seguintes foram feitas pelos apóstolos de Cristo, aqueles que conviveram com Ele e Dele receberam a missão espiritual. Não duvide de suas palavras, elas são profundamente verdadeiras.

### 8º dia — Domingo

E esta é a confiança que temos Nele, que se pedirmos alguma coisa segundo a Sua vontade, Ele nos atenderá.

1 João 5:14

### 9º dia — Segunda-feira

Se, porém, algum dentre vós necessita de alguma coisa, peça a Deus que a todos dá liberalmente e nada nos nega, e ser-lhe-á concedido. Peça, porém, com fé e de nada duvidando. Não suponha o que duvida se conseguirá de Deus alguma coisa.

Tiago 1:5–7

### 10º dia — Terça-feira

Se Deus é por nós, quem será contra nós?

Romanos 8:31

## 11º dia — Quarta-feira

Posso todas as coisas em Cristo que me fortalece.

Filipenses 4:13

## 12º dia — Quinta-feira

Sei em quem pus minha confiança e estou certo de que Ele é poderoso para guardar o meu depósito até aquele dia.

2 Timóteo 1:12

## 13º dia — Sexta-feira

As coisas que os olhos não viram, os ouvidos não ouviram e que jamais penetraram o coração dos homens são as bênçãos que Deus tem preparado para aqueles que O amam.

1 Coríntios 2:9

## 14º dia — Sábado

Porque tudo aquilo que é gerado por Deus vence o mundo; e esta é a vitória que vence o mundo: a nossa fé.

1 João 5:4

As afirmações seguintes foram feitas por teólogos, psicólogos ou pessoas que passaram por uma profunda experiência espiritual. Não duvide delas, pois têm o poder de abrir seu espírito para Deus por meio da fé.

### 15° dia — Domingo

Ao iniciarmos um empreendimento duvidoso, nossa fé é a única coisa — compreenda bem isso — que assegura seu bom êxito.

### 16° dia — Segunda-feira

Todo problema pode ser solucionado de maneira acertada se fizermos orações afirmativas. As orações afirmativas libertam as forças por intermédio das quais se conseguem os resultados.

### 17° dia — Terça-feira

Quando estiver fazendo sua oração, é importante lembrar que você está tratando com a maior força existente no Universo. A força que criou o próprio Universo — Deus — pode criar os caminhos para a realização de seus desejos.

### 18° dia — Quarta-feira

O poder da oração é a manifestação da energia. Assim como existem técnicas científicas para a libertação de energia atômica, existem também processos científicos para a libertação da energia espiritual, por meio do mecanismo da oração. Esta afirmativa é uma delas.

### 19° dia — Quinta-feira

A capacidade de ter fé e de utilizá-la para conseguir a libertação da força espiritual que ela proporciona é uma

## 144 | RICARDO DINIZ

habilidade que, como qualquer outra, deve ser estudada e praticada, a fim de se chegar à perfeição.

### 20º dia — Sexta-feira

As atitudes são mais importantes que os fatos. Qualquer fato que enfrentamos, por mais penoso que seja, mesmo que pareça irremediável, não será tão importante quanto nossas atitudes em relação a ele. Por outro lado, a oração e a fé podem modificar ou dominar inteiramente um fato.

### 21º dia — Sábado

Faça uma lista mental de seus valores positivos. Quando encaramos mentalmente esses valores e pensamos, realçando-os ao máximo, nossas forças interiores começam a se firmar e, com o auxílio de Deus, tiram-nos da derrota para nos conduzir à vitória.

Observação: Fim da terceira semana. Você já percorreu um terço deste programa. Agradeça a Deus por isso. Releia as afirmações anteriores e renove seus propósitos de não interromper essa atitude de reavivamento espiritual.

### 22º dia — Domingo

Conceba Deus como uma presença constante ao seu lado: no trabalho, em casa, na rua, no automóvel, sempre perto, como um companheiro muito íntimo. Leve a sério o conselho de Cristo: "Ore sem cessar", falando com Deus de maneira natural e espontânea. Deus o compreenderá.

### 23º dia — Segunda-feira

O valor básico na física é a força, o valor básico na psicologia é o desejo realizável. A pessoa que pressupõe o êxito tende a alcançá-lo.

### 24º dia — Terça-feira

Não alimente pensamentos negativos durante suas orações, somente os positivos é que dão resultado. Afirme agora: Deus está comigo. Deus está me ouvindo. Ele está providenciando a resposta certa para o pedido que Lhe fiz.

### 25º dia — Quarta-feira

Aprenda hoje o poder da crença no espírito, tendo somente pensamentos positivos. Modifique seus hábitos mentais para crer em vez de descrer. Aprenda a esperar, não a duvidar. Procedendo assim, trará a graça que almeja para o reino das possibilidades.

### 26º dia — Quinta-feira

A pessoa que confia em Deus e em si, que é positiva, que cultiva o otimismo e que se entrega a uma tarefa com a certeza de que terá êxito magnetiza a sua condição e atrai para si as forças criadoras no Universo.

### 27º dia — Sexta-feira

Há uma profunda tendência para se alcançar o que se imagina e o que se conserva gravado no espírito, mas

146 | RICARDO DINIZ

é preciso que o objetivo seja justo. Por isso, afaste dos pensamentos as ideias ruins. Nunca aceite que o pior poderá acontecer. Espere sempre o melhor, e o criador espiritual do pensamento, auxiliado por Deus, há de lhe dar o melhor.

## 28º dia — Sábado

O poder da fé faz maravilhas. Você poderá conseguir as coisas mais extraordinárias pelo poder da fé. Por isso, quando pedir a Deus alguma graça, não alimente dúvidas no coração, por mais difícil que seja alcançá-la. Lembre-se de que a fé faz maravilhas.

Observação: fim da quarta semana. Você já notou a diferença que essas afirmações estão operando em você? Agradeça a Deus por isso e peça-Lhe que continue aperfeiçoando-o cada vez mais. Releia as afirmativas passadas e renove seus propósitos de não interromper essa atitude de reavivamento espiritual.

## 29º dia — Domingo

Lembre-se sempre: a dúvida veda o caminho para a força; a fé abre esse caminho. O poder da fé é tão grande que nada há que Deus não possa fazer por nós, conosco ou por meio de nós, se permitirmos que Ele canalize Sua força através de nosso espírito.

### 30° dia — Segunda-feira

Repita várias vezes estas três afirmativas hoje:

1. Acredito que Deus está libertando as forças que me darão o que desejo.

2. Acredito que estou sendo ouvido por Deus.

3. Acredito que Deus abrirá sempre um caminho onde não existe caminho.

### 31° dia — Terça-feira

O temor é grande inimigo aniquilador de personalidade humana, e a preocupação é a mais sutil e mais destruidora de todas as doenças. Entregue agora os seus temores e as suas preocupações a Deus Todo-Poderoso. Ele sabe o que fazer com eles.

### 32° dia — Quarta-feira

Se tiveres fé, mesmo que ela seja como um grão de mostarda, a ti nada será impossível.

Mateus 17:20

A fé não é uma ilusão nem uma metáfora. Ela é um fato absoluto.

### 33° dia — Quinta-feira

Ter fé não é fazer força para crer. É passar do esforço para a confiança. É mudar a base de sua vida, passando a acreditar em Deus, e não apenas em você.

### 34° dia — Sexta-feira

Diz um ditado popular que devemos ver para crer. Cristo nos ensina, porém, o contrário. Diz Ele que devemos crer para depois ver, isto é, se tivermos fé e sustentarmos na imaginação a realização do que desejamos, logo esse desejo se materializará. Assim, basta crer para ver.

### 35° dia — Sábado

A fé traz os acontecimentos do futuro para o presente. Mas, se Deus demora em atender, é porque Ele tem um propósito: fazer endurecer mais nossa fibra espiritual por meio da espera ou, então, Ele se demora para fazer um milagre maior. Suas demoras são sempre propositadas.

Observação: Fim da quinta semana. Você passou da metade deste programa. Agora agradeça a Deus por isso e renove seu propósito de não o interromper.

### 36° dia — Domingo

Mantenha sempre a calma. A tensão impede o fluxo da força do pensamento. Seu cérebro não pode funcionar eficientemente sob tensão nervosa. Enfrente seus problemas com serenidade. Não tente forçar uma resposta. Mantenha o espírito tranquilo e a solução aparecerá.

### 37º dia — Segunda-feira

A medicina tem progredido muito, mas ainda não descobriu remédio nem vacina para nos libertar de nossos próprios temores ou conflitos. Uma compreensão melhor de nosso íntimo e o desenvolvimento da fé em nosso espírito parecem formar a combinação perfeita para um auxílio divino e permanente a qualquer um de nós.

### 38º dia — Terça-feira

Lembre-se de que as afirmativas divinas são verdadeiras leis. Lembre-se também que as leis espirituais governam todas as coisas. Deus disse através de Cristo: "Tudo é possível àquele que crê." Essa afirmação é uma lei divina imutável.

### 39º dia — Quarta-feira

Não faça somente pedidos quando orar, afirme também que lhe estão sendo dadas muitas bênçãos e agradeça todas elas. Faça uma oração em intenção de alguém com quem não simpatiza ou que o tenha tratado mal. Depois perdoe essa pessoa. O ressentimento é a barreira número um da força espiritual.

### 40º dia — Quinta-feira

Manifeste sempre sua aquiescência em aceitar a vontade de Deus. Peça o que quiser, mas esteja pronto a aceitar

## 150 | RICARDO DINIZ

o que Deus lhe der. Talvez seja melhor do que aquilo que você pediu.

### 41º dia — Sexta-feira

Setecentos anos a.C., um profeta israelense disse: "Não o soubeste? Não ouviste ainda que o eterno Deus, o Senhor, o Criador de todas as coisas, não desfalece, não cansa, não dorme? Sua compreensão é poderosa. Ele dá força aos fracos e renova a resistência dos que O buscam."

### 42º dia — Sábado

Há um poder supremo, e este poder é capaz de fazer tudo por você. Não tente vencer seus problemas sozinho. Recorra a Ele e usufrua de Seu auxílio. Se você se sente desgastado, pode recorrer a Ele. Apresente-Lhe, pois, o seu problema e peça uma resposta científica, Ele lhe dará.

Observação: fim da sexta semana. Que mudanças você já percebeu na sua vida com esse programa? Renove sua fé e seu desejo de concluí-lo.

### 43º dia — Domingo

Diga hoje, várias vezes: "A concretização do que almejo não depende de minha habilidade, mas da fé que sou capaz de depositar na habilidade de Deus, que tudo pode."

### 44º dia — Segunda-feira

Faça agora a seguinte oração: "Coloco o dia de hoje, a minha vida, os meus entes queridos e o meu trabalho nas mãos de Deus, e só pode advir o bem. Sejam quais forem os resultados deste dia, ele estará nas mãos de Deus, de onde somente pode advir o bem."

### 45º dia — Terça-feira

Vá hoje um pouco além da fé, ponha em prática a ideia da presença de Deus. Creia sempre que Deus é tão real e presente quanto qualquer pessoa que convive com você. Creia que as soluções que Ele apresenta para seus problemas não têm erros. Creia que você será guiado em suas ações de forma a alcançar o resultado certo.

### 46º dia — Quarta-feira

Diga hoje: "Sei que vou conseguir o que desejo, sei que vou vencer todas as dificuldades, sei que possuo em mim todas as forças criadoras para enfrentar qualquer situação, pairar acima de qualquer derrota, resolver todos os problemas que por acaso haja em minha vida. Essas forças vêm de Deus."

### 47º dia — Quinta-feira

Aprenda hoje um fator importante: seja qual for a situação que esteja enfrentando, mantenha-se calmo, dê o melhor de si, assuma uma atitude amistosa, na paz de Cristo.

152 | RICARDO DINIZ

"Deixo-vos a paz, eu vos dou a minha paz, e não se turve o vosso coração nem vos atemorize."

## 48º dia — Sexta-feira

Jesus disse: "Vinde a mim todos vós que estais cansados e sobrecarregados, e eu vos aliviarei... Aprendei de mim, que sou manso e humilde de coração; e encontrareis descanso para as vossas almas."

Mateus 11:28–29

Dirija-se a Ele hoje.

## 49º dia — Sábado

Se você guarda alguma amargura, o remédio mais acertado para ela é o conforto salutar que advém da fé em Deus. Inegavelmente, a receita básica para sua amargura é entregar-se a Deus e dizer a Ele o que lhe oprime o coração. Ele há de tirar de seu espírito o peso do seu sofrimento.

Observação: fim da sétima semana. Agradeça a Deus por ter chegado até aqui e continue se fortalecendo por meio da oração e destas afirmações inspiradoras.

## 50º dia — Domingo

Um famoso trapezista tentava encorajar um aluno a fazer acrobacias no alto do picadeiro, mas o rapaz não conseguia, pois o medo de cair não o deixava. Foi então que o veterano lhe deu um conselho extraordinário: "Rapaz, lance seu coração sobre a barra que seu corpo o acompanhará. O coração é o símbolo da atividade criadora. Lance-o sobre a barra." Do mesmo modo podemos dizer: lance a fé sobre as dificuldades e você poderá vencê-las. Lance a essência espiritual de seu ser sobre os obstáculos que sua parte material o acompanhará. Então, você há de ver que os obstáculos não tinham tanta resistência assim.

### 51° dia — Segunda-feira

De duas coisas você já pode estar certo:

1. Qualquer experiência que nos torture a alma traz consigo a oportunidade de crescermos com ela.
2. A maior parte dos transtornos dessa vida está dentro de nós mesmos. Felizmente, a solução para eles também está ali, pois o mistério bendito é que Deus também pode habitar dentro de nós.

### 52° dia — Terça-feira

Apodere-se hoje do otimismo que é o pensamento positivo iluminado. Quando nossa mente está cheia de otimismo, nossas forças naturais recriadoras são estimuladas por Deus. O otimismo tem seus alicerces firmados na fé, na expectativa e na esperança. Esteja confiante de que existe uma solução certa para todos os problemas.

### 53° dia — Quarta-feira

Afinal, ter problemas não é tão desesperador assim. Desesperador é não ter coragem de lutar contra eles. Homens

## 154 | RICARDO DINIZ

fortes, homens criadores, capazes de realizar grandes obras, compreendem que os problemas são para a mente, assim como o exercício é para os músculos. Eles desenvolvem a resistência necessária a uma vida construtiva e feliz.

Agradeça a Deus hoje pelos problemas que você já conseguiu vencer com sua coragem e determinação.

### 54º dia — Quinta-feira

Não fique preso às suas desilusões do passado. Não permita que elas lhe entristeçam o presente nem atrapalhem o futuro. Diga como um célebre filósofo: "Não vou me preocupar com o passado, vou apenas pensar no futuro, pois é nele que pretendo passar o resto da minha vida."

### 55º dia — Sexta-feira

Se pretende que suas energias sejam renovadas, deve saber o seguinte: toda energia nova procederá da vitalidade espiritual que receberá quando entregar sua vida a Deus. Quando aprender a viver na companhia de Deus e a falar com Ele de maneira natural e espontânea. Em tais circunstâncias, a oração tem mostrado ser a mais poderosa força reativadora do estímulo e da renovação das energias.

### 56º dia — Sábado

Muita gente que não tinha o costume de orar passou a fazê-lo porque descobriu que a oração não é exercício místico, visionário e piegas. A oração pode ser um método

COMO CHEGAR AO TOPO NAS EMPRESAS | 155

prático e científico para estimular a mente e a capacidade criadora. De fato, a oração é o canal espiritual que liga nosso espírito ao Espírito de Deus. Sua Graça pode então fluir livremente para nós.

Observação: fim da oitava semana. Ao reafirmar, dia após dia, a nossa essência e direcioná-la para o bem, caminhamos para a construção de nossos desejos e de uma vida de reflexão, equilíbrio e paz. Agradeça a Deus por ter chegado até aqui.

## 57º dia — Domingo

De uma coisa você pode ter certeza: jamais conseguirá resultados do coração se não orar. Jamais aumentará sua fé se não a desenvolver e exercitar pela oração. Oração, paciência e fé são os três fatores primordiais de uma vida vitoriosa. Deus ouviu suas preces.

## 58º dia — Segunda-feira

"Buscar-me-eis e me achareis quando me buscardes de todo o vosso coração."

Jeremias 29:13

Deus será encontrado no dia em que O buscarmos de todo o nosso coração. Isso é tão verdadeiro quanto a presença do sol na Terra. Deus impulsionou as forças que impulsionaram a concretização de seus pedidos.

## 59° dia — Terça-feira

Conquistar a Deus não se faz às pressas. Permanecer muito tempo com Deus é o segredo de conhecê-Lo e fortalecer-se Nele. Deus cede à persistência de uma fé que não cansa. Dá as mais ricas graças àqueles que, por meio da oração, demonstram seu desejo por elas. Deus criou um caminho onde não existia caminho.

## 60° dia — Quarta-feira

Não se preocupe em pensar que está importunando Deus com seus pedidos constantes. A importunação é da essência da oração eficiente. Insistência não significa repetição incoerente, mas é um trabalho sustentado com esforço diante de Deus. O poder da fé faz maravilhas.

## 61° dia — Quinta-feira

A oração da inteligência traz a sabedoria, alarga e fortalece a mente. O pensamento não é só iluminado na oração, mas o pensamento criador nasce na oração. Podemos aprender a criar muito mais depois de 10 minutos de oração do que em muitas horas de escola. Você pediu, Deu lhe deu. Você buscou, Deus o fez encontrar.

## 62° dia — Sexta-feira

Deus fez tudo por nós em resposta às nossas orações. Todas as pessoas que conseguiram realizar coisas extraordinárias na vida são unânimes em afirmar que colocaram a oração em primeiro lugar nos seus esforços, que deram ênfase à oração, que se entregaram a ela, tornando-a uma verdadeira tarefa; sujeitaram-se a ela, dando-lhe fervor, urgência, perseverança e tempo. O Senhor disse: "Se creres, verás a glória de Deus."

## 63º dia — Sábado

Em qualquer situação da vida, orar é a maior coisa que podemos fazer, e para fazê-la bem, precisamos de quietude, tempo e deliberação. Deve haver também em nós o desejo de vencer os obstáculos por meio da oração. O impossível reside nas mãos inertes daqueles que não tentam. Lembre-se agora das palavras de Jesus: "Tudo é possível àquele que crê."

## Conclusão

Você acaba de cumprir um poderoso programa espiritual. Recebeu Deus, por intermédio Dele, a graça que pediu e muitas outras que não pediu. Percebeu e constatou que as afirmações aqui registradas são cheias de poder. Acredite agora que a força que criou o universo continua criando inúmeras coisas e criou também as possibilidades para que seu pedido se materializasse. Agora você sabe que as orações e afirmações libertam as forças por intermédio das quais se consegue os resultados.

Não abandone esses hábitos agora. Reconheça: você ainda tem muito para receber.

# As sete leis espirituais do sucesso*

Outros atributos da conscientização são o conhecimento puro, o silêncio infinito, o equilíbrio perfeito, a invencibilidade, a simplicidade, a felicidade.

Na experiência do Eu, chamada autorreferência, nosso ponto de referência interior é o espírito, e não aquilo que nos rodeia. (...) Se experimentamos o poder do Eu, não há medo, não há obsessão pelo controle, não há esforço para obter aprovação ou para conseguir o poder externo.

Seu verdadeiro Eu — que é seu espírito, sua alma — está livre dessas necessidades. É imune à crítica. Não teme desafios.

O autopoder é, portanto, o verdadeiro poder.

O autopoder tem características próprias e atrai não só as coisas que você deseja, como também as pessoas que possam lhe interessar. Magnetiza as pessoas, as situações e as

---

*Trechos retirados do livro *As sete leis espirituais do sucesso* (Deepak Chopra, Editora BestSeller, 2009). (*N. do E.*)

circunstâncias que alimentam seus sonhos, apoiando-se nas leis naturais.

Na Bíblia encontramos a seguinte afirmação: "Fique em silêncio, sinta a Minha presença e saiba que eu sou Deus."

Outra maneira de acessar o campo da potencialidade pura é por meio do não julgamento. (...) Se você está constantemente avaliando, classificando, rotulando, analisando, cria muita turbulência em seu diálogo interior. (...) Há uma oração que diz: "Hoje não julgarei nada que aconteça." O não julgamento cria silêncio em sua mente.

Você precisa aprender a entrar em contato com a mais profunda essência de seu ser. Ela está além de seu ego, é isenta de medo, livre, imune à crítica, não teme nenhum desafio.

Franz Fafka disse: (...) "O mundo se oferecerá espontaneamente a você para ser descoberto. Ele não tem outra escolha senão jogar-se em êxtase a seus pés."

1. Praticar o não julgamento. Começar o dia dizendo: "Hoje, não julgarei nada que aconteça." Também é importante que durante todo o dia você se lembre de não fazer julgamentos.

Todo relacionamento depende de dar e receber. (...) Toda semente traz em si a promessa de muitas florestas. (...)

COMO CHEGAR AO TOPO NAS EMPRESAS | 161

Ao doar-se, seus fluxos vitais invisíveis se manifestam materialmente. (...) De fato, tudo o que há de valioso na vida só se multiplica quando é dado.

Se quer bens materiais, ajude os outros a se tornarem ricos.

"Faça menos e realize mais." Você atinge um estado em que não faz nada e realiza tudo.

O que é comumente chamado de "milagre" é, na verdade, uma expressão da *lei do mínimo esforço*.

A inteligência da natureza funciona sem nenhum esforço ou atrito, espontaneamente. Ela não é linear. É intuitiva, holística, alimentadora.

Todos os problemas contêm em si as sementes da oportunidade. A consciência disso permite transformar esse momento numa situação ou em algo melhor.

Se você simplesmente desistir da necessidade de defender sempre seus pontos de vista, ganha, com a desistência, acesso a imensas quantidades de energia anteriormente desperdiçadas.

Certamente, você não pretende ser rígido como o carvalho oco que tomba na tempestade. Vai preferir, com certeza, ser flexível como o bambu, que se curva sob a tempestade e sobrevive.

"O passado é história, o futuro é mistério e o presente é uma dádiva; é por isso que este momento se chama 'presente'."

Se você abraçar o presente, unir-se a ele, fundir-se nele, experimentará o fogo, o brilho, a centelha de êxtase que pulsa em todos os seres sensíveis.

Não é preciso se justificar.

Se você permanecer aberto a todos os pontos de vista — sem se prender rigidamente a qualquer um deles — seus sonhos e desejos fluirão com os desejos da natureza. (...) Pode estar certo de que, na hora certa, eles se manifestarão. Esta é a *lei do mínimo esforço*.

Desvincule-se dos resultados. Ou seja, desista do apego rígido a um resultado específico para viver na sabedoria da incerteza. Desfrute todos os momentos da jornada de sua vida, mesmo sem saber quais serão os resultados.

# Para rezar todos os dias de manhã*

Senhor, no silêncio deste dia que amanhece,
venho pedir-Te a paz, a sabedoria, a força.
Quero ver hoje o mundo com os olhos cheios de amor,
ser paciente, compreensivo, manso e prudente.
Ver além das aparências Teus filhos como Tu mesmo
os vês, não ver senão o bem em cada um.
Fecha meus ouvidos a toda calúnia,
Guarda minha língua de toda maldade,
Que só de bênçãos encha meu espírito.
Que todos quantos a mim se achegarem sintam a Tua
presença.
Reveste-me de Tua beleza, Senhor, e que no decurso
deste dia eu Te revele a todos.
Senhor, Tu podes todas as coisas.
Tu podes conceder-me a graça que tanto almejo.
Cria, Senhor, as possibilidades para a realização dos
meus desejos.
Em nome de Jesus, amém!

---

*Oração do amanhecer, São Francisco de Assis. É praticada diariamente (*N. do E.*)

# Salmos 90: 1-16

Tu, que habitas sob a proteção do Altíssimo, que moras
[à sombra do Onipotente,

dize ao Senhor: "Sois meu refúgio e minha cidadela,
[meu Deus, em que eu confio."

É ele que te livrará do laço do caçador e da peste perniciosa.

Ele te cobrirá com suas plumas; sob suas asas encontrarás
[refúgio. Sua fidelidade te será um escudo de proteção.

Tu não temerás os terrores noturnos, nem a flecha que voa
[à luz do dia,

nem a peste que se propaga nas trevas, nem o mal que
[grassa ao meio-dia.

Caiam mil homens à tua esquerda e dez mil à tua direita:
[tu não serás atingido.

Porém, verás com teus próprios olhos, contemplarás o
[castigo dos pecadores,

porque o Senhor é teu refúgio. Escolheste, por asilo,
[o Altíssimo.

Nenhum mal te atingirá, nenhum flagelo chegará à tua
[tenda,

## 166 | RICARDO DINIZ

porque aos seus anjos ele mandou que te guardem em
[todos os teus caminhos.

Eles te sustentarão em suas mãos, para que não tropeces
[em alguma pedra.

Sobre serpente e víbora andarás, calcarás aos pés o leão
[e o dragão.

"Pois que se uniu a mim, eu o livrarei; e o protegerei, pois
[conhece o meu nome.

Quando me invocar, eu o atenderei; na tribulação estarei
[com ele. Hei de livrá-lo e o cobrirei de glória.

Será favorecido de longos dias, e mostrar-lhe-ei a minha
[salvação."

# Textos para prática de vida*

Favorecei-me com a prontidão em reconhecer as oportunidades, mas dotai-me da paciência que concentrará minha força.

Banhai-me em bons hábitos para que os maus hábitos se afoguem; mas concedei-me a compaixão pela fraqueza dos outros.

Sou uma uva pequena e solitária compondo a vinha, mas me fizestes diferente de todas as outras. Em verdade, deve haver um lugar especial para mim.

Deixai-me tornar em tudo aquilo que planejastes para mim quando minha semente for plantada e escolhida por Vós para brotar na vinha do mundo.

Ajudai este humilde vendedor.

---

*Trechos retirados do livro *O maior vendedor do mundo* (Og Mandino, Editora Record, 2013). (*N. do E.*)

# Frases para prática de vida*

I. O fracasso jamais o surpreenderá se sua decisão de vencer for suficientemente forte.

II. Saudarei este dia com amor no coração. Se nenhuma outra qualidade possuo, posso ter êxito apenas com o amor. (...) Amarei os reis, pois eles são apenas humanos. Amarei os humildes, pois eles são filhos de Deus. (...) Quando tentado a criticar, morderei a língua.

III. Persistirei até vencer.
Onde um deserto árido termina, a grama verde nasce.

IV. Eu sou o maior milagre da natureza.
Sou raro, e há valor em toda raridade; portanto sou valioso.
Tenho potencial ilimitado.
Forçarei minhas capacidades até que elas peçam misericórdia.
Olharei mais do que a roupa e não serei iludido.

---

*Frases retiradas dos capítulos do livro *O maior vendedor do mundo* (Og Mandino, Editora Record, 2013). (*N. do E.*)

**V.** Viverei hoje como se fosse meu último dia.

Não sou um ladrão, sou um homem de amor. Venderei mais mercadorias do que jamais vendi antes. (...) Cada minuto do dia de hoje será mais frutífero do que as horas do dia de ontem. (...) E, se não for, cairei de joelhos e agradecerei aos céus.

**VI.** Hoje serei dono de minhas emoções. (...) Toda a natureza é um círculo de ânimos; eu sou uma parte da natureza e, assim como as marés, meus ânimos se elevarão, meus ânimos cairão. (...) A não ser que meu ânimo seja forte, o dia será um fracasso. Se lhes trouxer alegria, entusiasmo, claridade e riso, todos reagirão assim comigo e minha temperatura produzirá uma colheita de vendas e um celeiro cheio de ouro.

Hoje serei dono de minhas emoções. Fraco é aquele que permite que seus pensamentos controlem suas ações. Forte é aquele que força suas ações a controlarem seus pensamentos. Cada dia, ao acordar, seguirei este plano. (...) Cantarei se me sentir deprimido; rirei se me sentir triste; redobrarei meu trabalho se me sentir doente; avançarei se sentir medo; vestirei roupas novas se me sentir inferior; erguerei minha voz se me sentir inseguro; relembrarei meu êxito passado se me sentir incompetente; relembrarei meus objetivos se me sentir insignificante.

Hoje serei dono de minhas emoções. Pensarei nas fomes passadas se abusar do presente; (...) relembrarei momentos de vergonha se me entregar a momentos de grandeza. Com este novo conheci-

# COMO CHEGAR AO TOPO NAS EMPRESAS | 171

mento, também entenderei e reconhecerei os ânimos daquele a quem visito. (...) Não mais julgarei um homem apenas por um encontro. (...) Serei dono de meus ânimos pela ação positiva e, quando for dono de meus ânimos, controlarei meu destino. Serei dono de mim mesmo. O meu destino é tornar-me maior vendedor do mundo. Serei grande.

VII. Rirei do mundo. (...) o homem é mais cômico quando se leva a sério demais. (...) Três palavras ensaiarei dizer, até que se tornem um hábito. *Isto também passará.* (...) Onde está aquele que construiu as pirâmides? Não está soterrado dentro de sua pedra? E também não serão as pedras soterradas pela areia? Se todas as coisas um dia passarão, por que deveria eu preocupar-me com o hoje? Rirei do mundo. Pintarei este dia com risos, modelarei esta noite numa canção. (...) Rirei dos meus fracassos e eles desaparecerão nas nuvens de novos sonhos. (...) Rirei da bondade e ela se esforçará e crescerá. (...) Cada sorriso pode ser trocado por ouro e cada palavra gentil saída de meu coração pode construir um castelo. (...) apenas como criança recebo a capacidade de erguer os olhos para os outros. (...) Enquanto rir, jamais serei pobre. A felicidade é o vinho que aguça o sabor da comida. (...) Serei feliz. Terei êxito. Serei o maior vendedor que o mundo jamais conheceu.

VIII. Hoje centuplicarei meu valor. Um campo de barro tocado pelo gênio do homem torna-se um castelo. Um cipreste tocado pelo gênio do homem torna-se um santuário. (...) Se é possível às folhas, à madeira e ao barro terem seu valor centuplicado, sim, multiplicado pelo homem, não posso eu fazer o mesmo com o barro que leva o meu nome? Hoje centuplicarei o meu valor.

X. Oh, criador de todas as coisas, ajudai-me. Pois hoje saio pelo mundo nu e só e, sem vossa mão para orientar, desviar-me-ei do caminho que conduz ao êxito e à felicidade.

Não peço ouro ou roupa, nem mesmo oportunidades segundo minha capacidade; mas orientação para que possa adquirir capacidade segundo minhas oportunidades.

Ao leão e à águia ensinastes a caçar e a prosperar com os dentes e as garras. Ensinai-me a caçar com palavras e a prosperar com amor para que eu possa ser um leão entre os homens e uma águia na feira.

Ajudai-me a permanecer humilde aos obstáculos e fracassos; mas não ocultai de meus olhos o prêmio que virá com a vitória.

Conferi-me tarefa para as quais outros fracassaram, mas orientai-me na colheita das sementes do êxito nos fracassos dos outros. (...) Reservai-me dias suficientes para alcançar meus objetivos; mas ajudai-me a viver este dia como se fosse o meu último dia.

Orientai-me em minhas palavras para que elas frutifiquem; mas acautelai-me a língua para que ninguém a difame.

Disciplinai-me no hábito de tentar sempre e sempre, mas mostrai-me a maneira de utilizar-me da lei das médias. (...)

# O autor

Ricardo Diniz é vice-chairman do Bank of America Merrill Lynch Brasil. Foi presidente da Thomson Reuters América Latina (2008), presidente da Reuters América Latina (2001) e presidente da Reuters no Brasil (1997). Ricardo atuou na área comercial do Banco CCF / Valbrás Brasil e foi sócio-fundador da Meca Teleinformática, grupo vendido para o jornal *O Globo*. Foi diretor da agência Broadcast, empresa do ramo de negócios eletrônicos do grupo O Estado de S. Paulo. É membro ativo da Young Presidents Organization. Estudou Administração de Empresas e fez alguns cursos de curto período na Universidade de Michigan, no Massachussets Institute of Technology (MIT) e em Harvard. Há dez anos colabora com a parceria FGV/YPO, no curso desenhado para executivos, concluindo seu MBA na FGV no final de 2017. Foi presidente do YPO na gestão 2014-2015. Também é membro do CEO's Legacy, iniciativa que reúne os principais líderes de 20 grandes corporações brasileiras e multinacionais, coordenada pela Fundação Dom Cabral — FDC, e que tem como objetivo a construção de legados que tragam ganhos para a sociedade.

Faz parte do Conselho Consultivo do Instituto Millenium e do ICC (Câmara de Comércio Internacional) e vice-presidente da ABBI (Associação Brasileira de Bancos Internacionais).

Para enviar comentários, sugestões ou críticas:
ricardodinizrd@gmail.com

Ficarei feliz com o seu contato.

best.
business

Este livro foi composto na tipologia Palatino LT Std Roman,
em corpo 11/16, e impresso em papel off-white no Sistema
Cameron da Divisão Gráfica da Distribuidora Record.